오르세 미술관에서 꼭 봐야 할 그림 100

Musée d'Orsay

오르세 미술관에서 꼭 봐야 할 그림 100

김영숙 지음

Humanist

먼저, 유럽의 미술관에 가려는 이들에게

프랑스의 대문호 스탕달은 피렌체를 여행하던 중 산타 크로체 성당에 들어갔다가 그곳의 위대한 예술 작품에 감동한 나머지 몸을 제대로 가누지 못할 정도의 현기증을 느꼈다고 한다. 후에 이러한 증상은 '스탕달 신드롬'이라 명명되었다.

여행 리스트에 빠지지 않고 등장하는 미술관을 찾은 많은 사람이 예술 작품 앞에서 스탕달이 느꼈던 것과 차원이 다른 현기증을 느낄 때가 있다. 대체 이게 왜 그렇게 유명하다는 것인지, 뭐가 좋다는 것인지, 왜 이걸 보겠다고 다들 아우성인지 하는 마음만 앞선다. 스탕달 신드롬의 열광은커녕 배고픔, 갈증, 지루함만 남은 거의 폐허가 된 몸은 산뜻한 공기가 반기는 바깥에 나와서야 활력을 찾는다. 하지만 숙제는 열심히 해낸 것 같은데, 이상하게 공부는 하나도 안 된 기분, 단지 눈도장이나 찍자고 이 아까운 시간과 돈을 들였나 싶은 생각이 밀려올 수도 있다.

판단력과 결단력 그리고 실천의지라는 미덕을 제법 갖춘 '합리적인 여행자'들은 각각의 미술관이 자랑하는 몇몇 작품만을 목표로 삼고 돌진하기 일쑤다. 루브르에서는 레오나르도 다 빈치의 〈모나리자〉를, 오르세에서는 밀레의 〈만종〉과 고흐의 〈론 강의 별이 빛나는 밤〉을, 프라도에서는 벨라스케스의 〈시녀들〉이나 고야의 〈옷 입은 마하〉〈벌거벗은 마하〉를, 내셔널 갤러리에서는 얀 반 에이크의 〈아르놀피니 부부의 초상화〉를, 바티칸에서는 미켈란젤로의 시스티나 성당 천장벽화를……. 목표로 삼은 작품을 향해 한껏 달리다 우연히 학창 시절 교과서에서 본 듯한 작품을 만나기도 하고, 때론 예기치 못하게 시선을 확 낚아채 발길을 멈추게 하는 작품도 만나지만, 대부분은 남은 일정 때문에 기약 없는 '미련'만 남긴 채 작별하곤 한다.

'손 안의 미술관' 시리즈는 모르고 가면 십중팔구 아쉬움으로 남을 유럽 미술관 여행에서 조금이라도 그림을 제대로 보고 싶은 사람들에게, 혹은 거의 망망대해 수준의 미술관에서 시각적 충격으로 '얼음 기둥'이 될 이들에게 일종의 '백신' 역할을 하기 위해 준비되었다. 따라서 알찬 유럽 여행을 꿈꾸는 이들이 신발끈 단단히 동여매는 심정으로 이 책을 집어 들길 바란다. 아울러 미술관에서 수많은 인파에 밀려 우왕좌왕하다가 도대체 자신이 무엇을 보았는지, 무엇을 느껴야 했는지, 무엇을 놓쳤는지에 대한 생각의 타래를 여행 직후 짐과 함께 푸는 이들을 위한 것이기도 하다. 당장은 '랜선 여행'에 그치지만 언젠가는 꼭 가야겠다고 다짐하는 이들도 빼놓을 수 없다. 아마도 독자들은 깊은 애정을 가질 시간도 없이 눈도장만 찍고 지나쳤던 작품이 어마어마한 스토리를 담고 있는 명화였음을 발견하는 매혹의 시간을 가질지도 모른다.

그림은 화가가 당신에게 전하는 이야기이다. 색과 선으로 이루어 낸 형태 몇 조각만으로 자신의 우주를 펼쳐 보이는 그들의 대담한 언어는 가끔 통역과 해석을 필요로 한다. 굳이 미술관에 가지 않더라도 글보다 쉬울 줄 알았던 그림 독해의 어려움에 귀가 막히고 말문이 막히는 경험을 한 이들에게 이 책이 도움이 되길 바란다.

오르세 미술관에 가기 전
알아두어야 할 것들

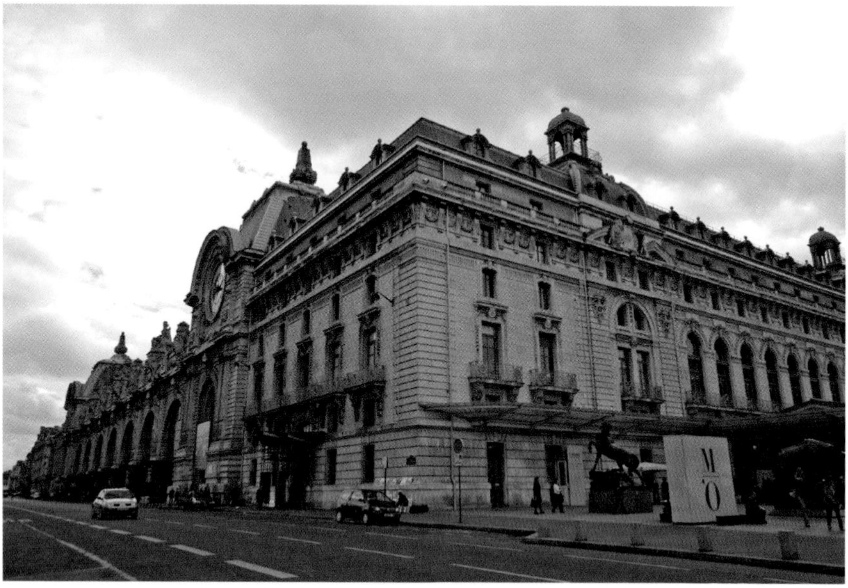

1871년 파리 코뮌 당시 화재로 불타버린 오르세 궁 터에 기차역을 건설하겠다는 발표가 나자 파리 시민들은 충격에 휩싸였다. 1900년에 개최될 파리 만국박람회를 위한 것이기는 했지만 아름답기로 둘째가라면 서러울 센 강, 루브르 궁을 마주한 곳에 산업화의 상징인 '괴물 같은 기차역'을 세운다는 것이 못마땅했기 때문이다.

그러나 건축가 빅토르 랄루Victor Laloux는 철골구조로 지어진 기차역의 외관을 대리석으로 마감하고, 뛰어난 조각가들의 작품으로 장식하여 시민들의 우려를 한 번에 떨쳐내는 데 성공했다. 370여 개의 객실을 갖춘 호텔과 이어진 오르세 역은 이후 파리 중심에서 프랑스 남서부를 잇는 가장 크고 아름다운 기차역 노릇을 했다. 하지만 세월이 지나 기술이 발달하면서 옛 방식의 기차를 위해서나 존재하던 이곳은 무용지물이 되어 1939년에 폐쇄되었다.

오르세 역은 한동안 버려지다시피 했다가 1970년에 객실 수가 850개나 되는 고층 호텔로 재개발될 운명에 처했다. 그러나 시민들이 직접 거리에 나서서 이를 막았고, 결국 호텔 대신 미술관으로 바뀌어 1979년에 문을 열었다. 건축가들은 가능하면 건물의 외관뿐 아니라 구조도 옛 역사驛舍의 모습을 유지할 수 있도록 고려했고, 이는 최근까지도 유효한 증개축 지침이 되고 있다.

오르세 미술관은 인상주의를 중심으로 그 전후에 활동한 미술가들의 작품을 전시하고 있다. 따라서 19세기 중반부터 20세기 초까지 프랑스 미술이 가장 뜨거웠던 시기의 미술 작품을 총망라하고 있다. 오르세 미술관의 초기 소장품은 주로 뤽상부르 미술관과 죄 드 폼 국립미술관으로부터 이전된 것들이다. 1750년에 문을 연 뤽상부르 미술관은 프랑스 미술 아카데미가 주관하는 살롱전의 입선작을 보관하고 전시할 용

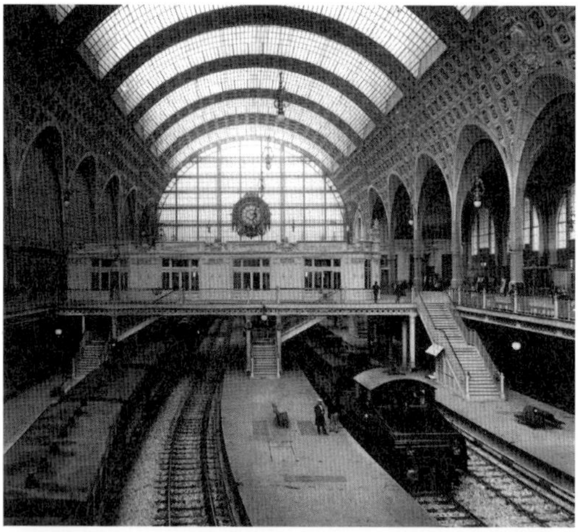

과거 오르세 기차역
내부 풍경

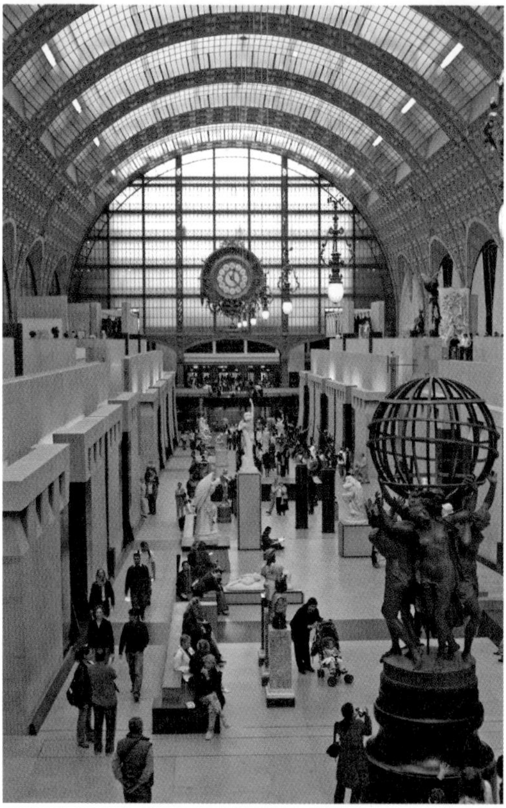

현재 오르세 미술관
내부 풍경

도로 지어졌다. 당연히 해를 거듭할수록 작품 수는 늘어났다. 1894년 그 자신이 인상주의 화가이기도 했던 귀스타브 카유보트가 자신이 소장하고 있던 동시대 회화 작품을 국가에 기증하면서 뤽상부르 미술관은 프랑스 미술 아카데미가 이단아로 취급하던 진보적인 화가들의 작품도 소장했다. 물론 보수적 잣대를 들이대는 아카데미는 카유보트가 내놓은 67점의 인상주의 작품 중 일부만 받아들이고 나머지는 미술관 밖 작은 전시장에 따로 두게 했지만 말이다. 그러나 20세기 초에 이르자 시대와 함께 취향이 변하면서 진보 작가들의 작품도 대거 수용하기 시작했다.

1939년 뤽상부르 미술관은 문을 닫았고, 소장품은 루브르 박물관과 현대미술 전시관인 팔레 드 도쿄로 뿔뿔이 흩어졌다. 그러다 1947년 루브르 박물관이 재건축을 시작하면서 인상주의 작품만 따로 보관할 목적으로 죄 드 폼 국립미술관이 탄생한다. 죄 드 폼 국립미술관은 대중의 열렬한 사랑을 받으며 그 위세를 키워나가는데, 상속세 대신 미술 작품을 기증하게 하는 법안까지 마련되면서 소장품이 어마어마한 규모로 늘어나기 시작한다. 결국 그 많은 작품을 다 수용할 수 없었던 죄 드 폼 국립미술관은 1870년 이후 태어난 미술가의 작품만 따로 모아 1976년에 개관한 퐁피두 현대미술관으로 옮겼다. 한편 루브르 박물관으로부터는 1820년에서 1870년 사이에 탄생한 미술가의 작품을 돌려받자 포화상태가 된 소장품을 수용할 새로운 공간이 필요했고, 이윽고 오르세 미술관 개관으로 이어진 것이다. 오르세 미술관의 소장품은 19세기 회화 작품의 비중이 압도적으로 높다고 할 수 있지만, 엄청난 규모와 수준의 조각 작품과 사진 그리고 장식 미술까지 모두 포함하고 있어서 19세기 프랑스인의 미적 취향을 한눈에 관찰할 수 있다.

오르세 미술관의 회화 갤러리

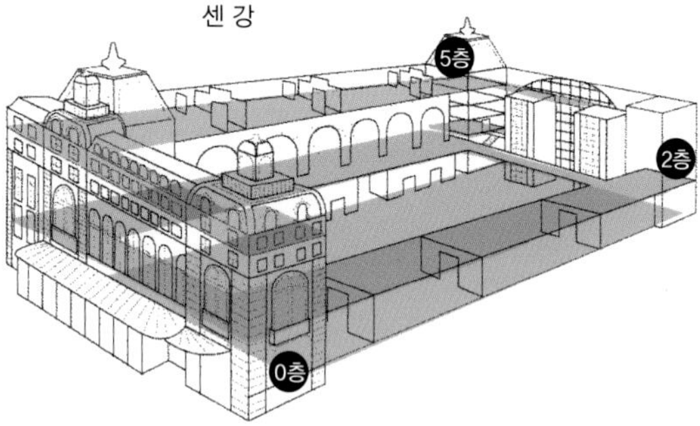

0층(Rez-de-chaussée)

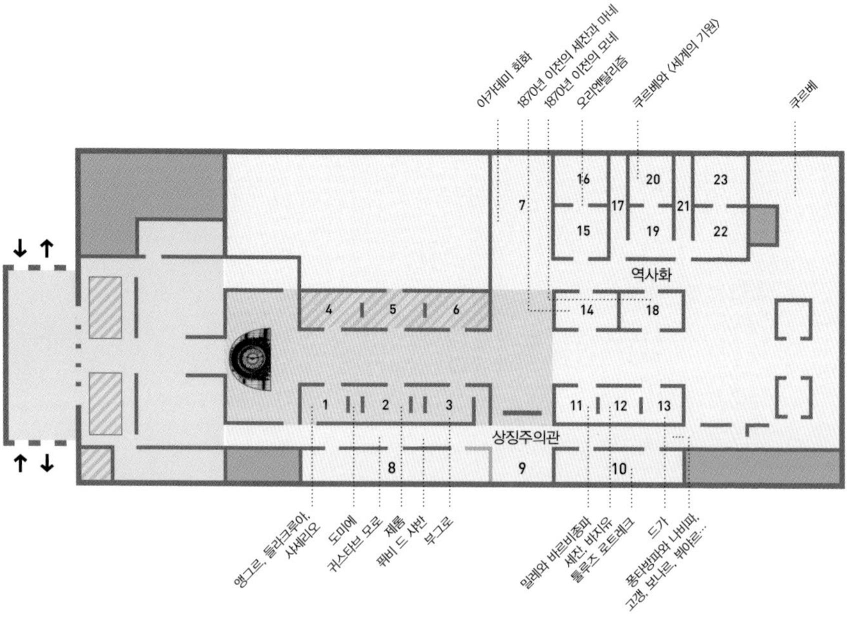

2층(2e étage)

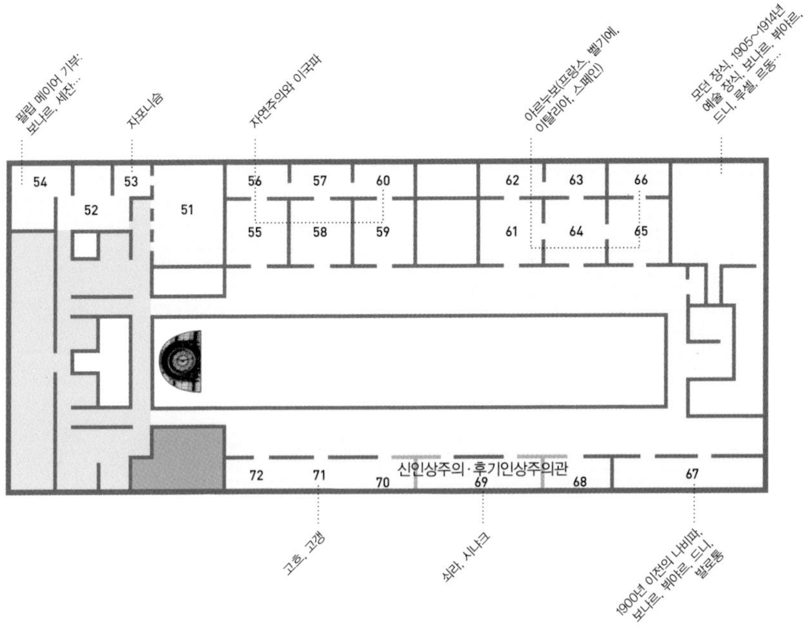

5층(5e étage)

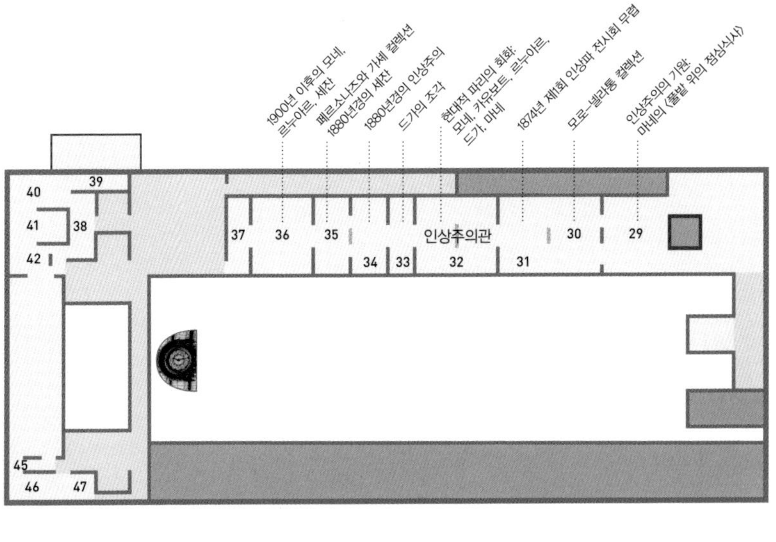

차례

먼저, 유럽의 미술관에 가려는 이들에게 — 4

오르세 미술관에 가기 전 알아두어야 할 것들 — 6

오르세 미술관의 회화 갤러리 — 10

인상주의를 향하여 *Pre-Impressionism*

장 오귀스트 도미니크 앵그르 〈샘〉 · **쥘 조제프 르페브르** 〈진리〉 — 20

외젠 들라크루아 〈사자 사냥〉 · **테오도르 샤세리오** 〈고대 로마의 미온 욕실〉 — 22

오노레 도미에 〈세탁부〉 〈공화국〉 — 24

· 프랑스 미술 아카데미 — 26

· 살롱전 — 28

장 레옹 제롬 〈닭싸움을 시키는 젊은 그리스인들〉

〈베르사유에서 콩데를 접견하는 루이 14세〉 — 30

알렉상드르 카바넬 〈비너스의 탄생〉 — 32

윌리앙 아돌프 부그로 〈비너스의 탄생〉 — 34

장 바티스트 카미유 코로 〈아침, 요정들의 춤〉 〈생니콜라레자라스의 방앗간〉 — 36

장 프랑수아 밀레 〈만종〉 〈이삭 줍는 여인들〉 〈몸을 뒤로 젖히고 있는 누드〉 — 38

귀스타브 쿠르베 〈오르낭의 매장〉 · **토마 쿠튀르** 〈쇠퇴기의 로마인들〉 — 42

귀스타브 쿠르베 〈화가의 작업실〉 〈부상당한 남자〉 — 46

귀스타브 쿠르베 〈세계의 기원〉 — 50

귀스타브 쿠르베 〈샘〉 — 52

· 낙선전 — 54

에두아르 마네 〈풀밭 위의 점심식사〉 — 56

에두아르 마네 〈피리 부는 소년〉 — 58

에두아르 마네 〈올랭피아〉 — 60

에두아르 마네 〈에밀 졸라의 초상화〉 — 62

에두아르 마네 〈발코니〉 — 64

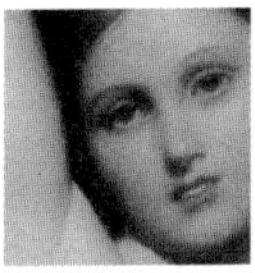

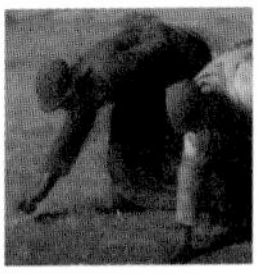

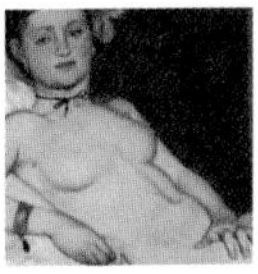

인상주의 *Impressionism*

제임스 애벗 맥닐 휘슬러 〈회색과 검은색의 배열(화가 어머니의 초상화)〉
〈보라색의 변주〉 — 68

· 인상주의 — 72

베르트 모리조 〈요람〉 — 76

클로드 모네 〈개양귀비〉 · **피에르 오귀스트 르누아르** 〈풀밭 깊숙한 곳의 길〉 — 78

클로드 모네 〈생라자르 역〉 — 80

피에르 오귀스트 르누아르 〈모네의 초상화〉 · **클로드 모네** 〈임종하는 카미유〉
〈1878년 6월 30일, 축제가 열린 몽토르게이 거리〉 — 82

클로드 모네 '루앙 대성당' 연작 — 86

클로드 모네 〈수련이 있는 연못〉 〈푸른 수련〉 〈수양버들〉 — 90

피에르 오귀스트 르누아르 〈물랭 드 라 갈레트의 무도회장〉 — 94

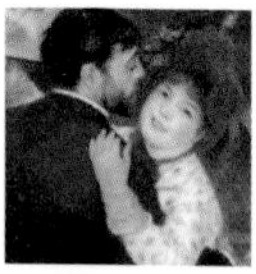 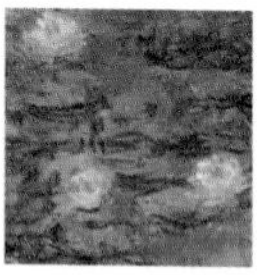 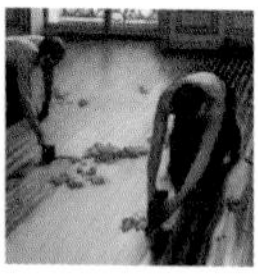

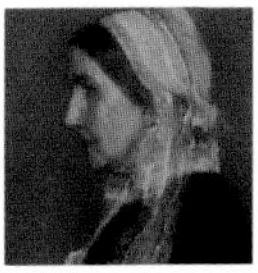 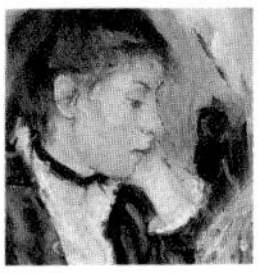 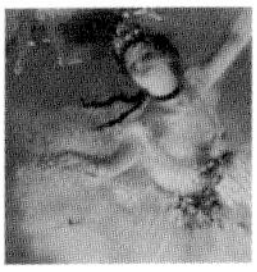

피에르 오귀스트 르누아르 〈도시의 무도회〉 〈전원의 무도회〉 〈그네〉 — 96

피에르 오귀스트 르누아르 〈목욕하는 여인들〉 〈햇빛 속의 누드〉 — 100

카미유 피사로 〈자화상〉 〈들판의 여인〉 〈하얀 서리〉
〈서리 내린 밭에 불을 지피는 젊은 농부(밭 태우기)〉 — 104

알프레 시슬레 〈홍수가 난 마를리 항구〉 〈눈 내리는 루브시엔〉 — 108

에드가 드가 〈발레 수업〉 〈스타(무대 위 댄서)〉 — 110

에드가 드가 〈압생트를 마시는 사람〉 〈증권 거래소에서〉
〈다림질하는 여인들〉 〈욕조〉 — 112

귀스타브 카유보트 〈대패질하는 사람들〉 〈자화상〉 〈앙리 코르디에의 초상화〉 — 116

인상주의, 그 이후 *Post-Impressionism*

조르주 쇠라 〈등이 보이는 모델〉 〈정면으로 서 있는 모델〉 〈서커스〉 — 122

폴 시냐크 〈우물가의 여인들〉 〈우산을 든 여인〉 〈아비뇽 교황청〉 — 126

· 인상주의를 넘어서 — 130

앙리 드 툴루즈 로트레크 〈몸단장〉 〈침대〉 — 132

폴 세잔 〈목 맨 사람의 집〉 — 134

폴 세잔 〈바구니가 있는 정물〉 — 136

폴 세잔 〈세잔 부인과 커피포트〉 — 138

폴 세잔 〈생트빅투아르 산〉 〈목욕하는 사람들〉 — 140

· 고갱 그리고 고흐 — 144

빈센트 반 고흐 〈론 강의 별이 빛나는 밤〉 — 148

빈센트 반 고흐 〈아를에 있는 고흐의 방〉 — 150

빈센트 반 고흐 〈자화상〉 — 152

빈센트 반 고흐 〈폴 가셰의 초상화〉 〈오베르쉬르우아즈 성당〉 — 154

폴 고갱 〈황색 그리스도가 있는 자화상〉 — 156

· 퐁타방의 화가들 — 158

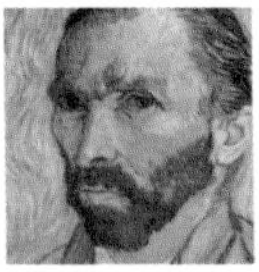
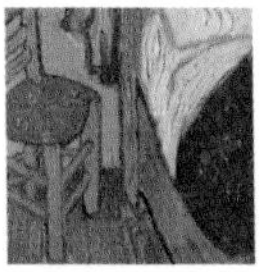
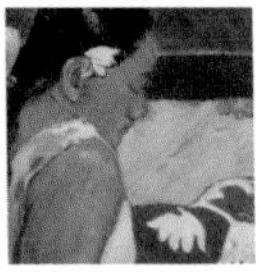

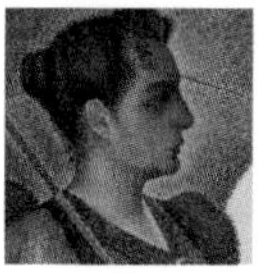 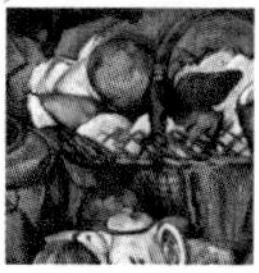 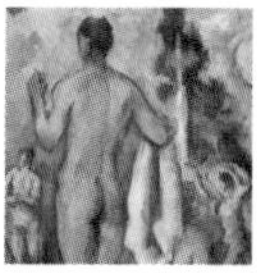

폴 고갱 〈브르타뉴의 아낙네들〉 〈브르타뉴 풍경〉 — 160

폴 고갱 〈타히티의 여인들〉 〈하얀 말〉 — 162

폴 세뤼시에 〈부적〉 — 166

에밀 베르나르 〈사랑의 숲속의 마들렌〉 〈추수, 일명 브르타뉴 풍경〉 — 168

· 고갱과 나비파 — 172

에두아르 뷔야르 〈잠〉 〈식사 후〉 〈리넨 옷장〉 — 174

피에르 보나르 '정원의 여인' 연작, 〈하얀 고양이〉 〈침대 위의 여인〉 — 178

오딜롱 르동 〈감은 눈〉 〈아폴론의 마차〉 — 182

피에르 퓌비 드 샤반 〈바닷가의 젊은 여인들〉 〈가난한 어부〉 — 184

귀스타브 모로 〈오르페우스〉 — 186

앙리 마티스 〈호사, 평온 그리고 관능〉 · **모리스 드 블라맹크** 〈부지발의 레스토랑〉 ·
앙드레 드랭 〈채링 크로스 다리〉 — 188

그림 주석 — 192

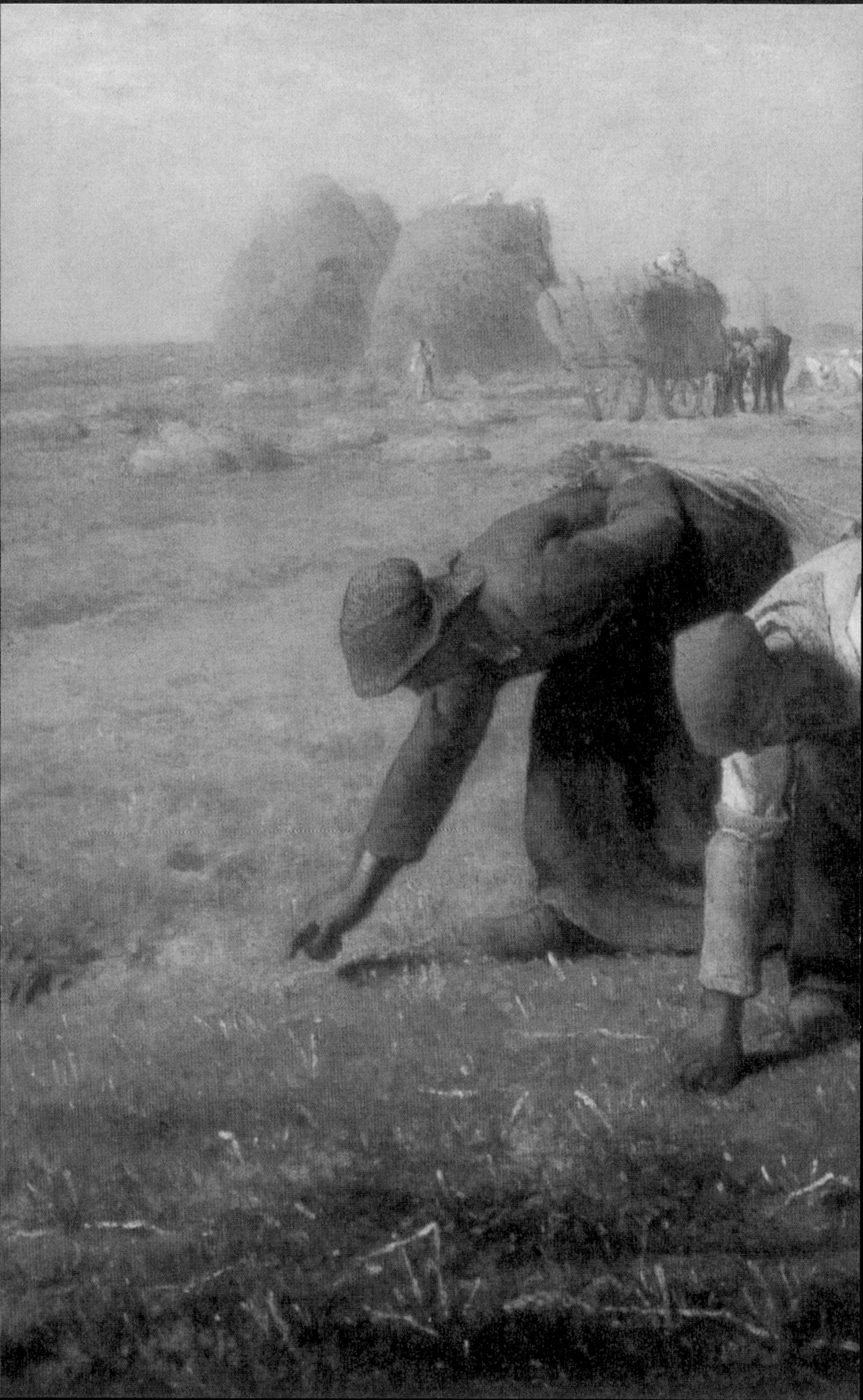

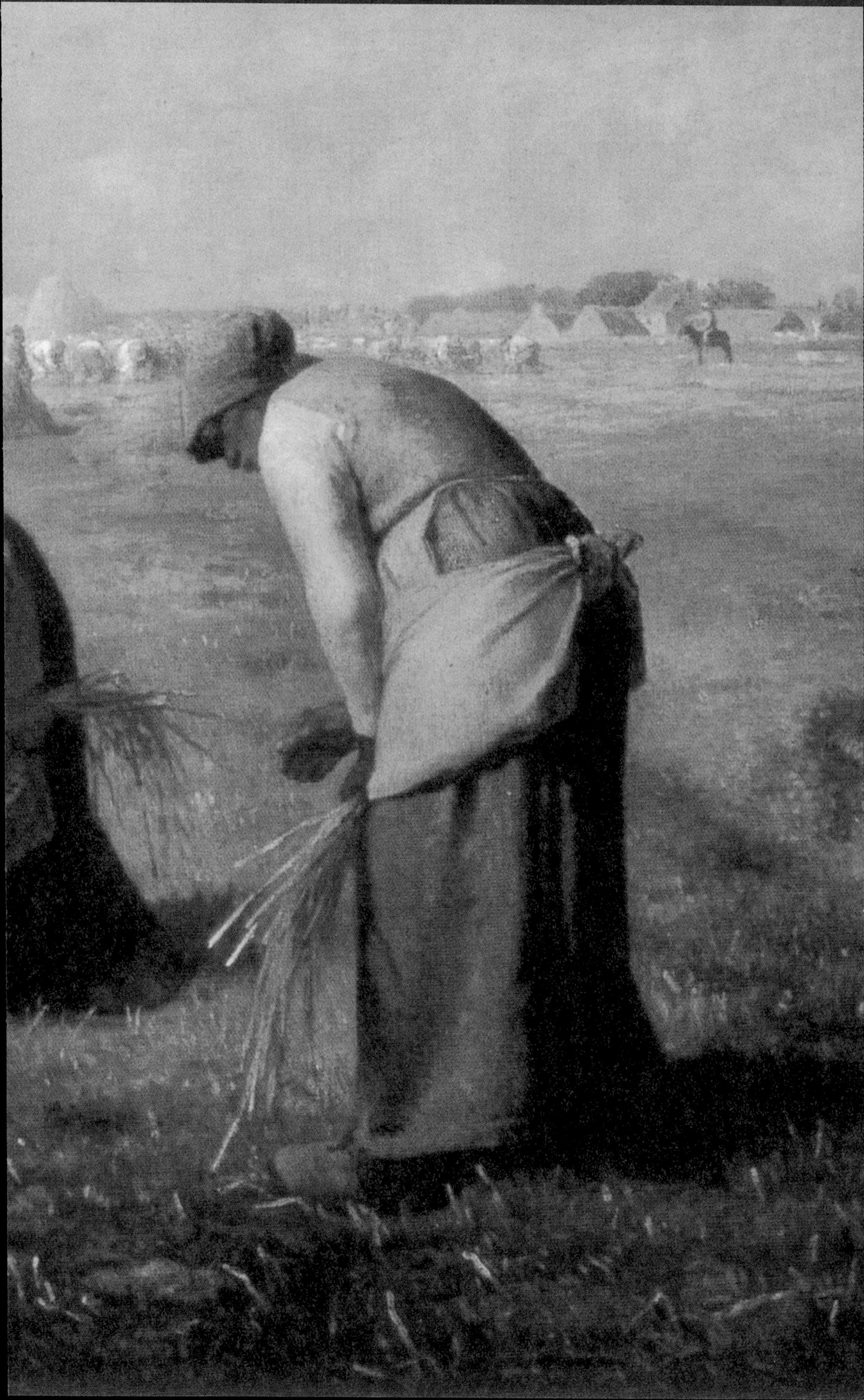

장 오귀스트 도미니크 앵그르

샘

쥘 조제프 르페브르

진리

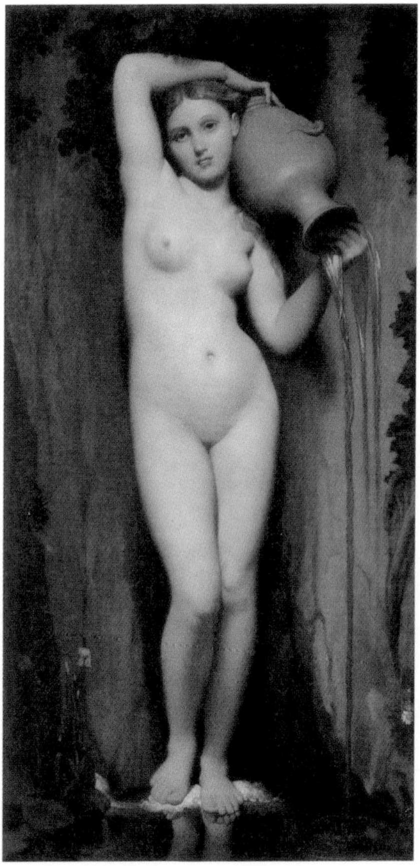

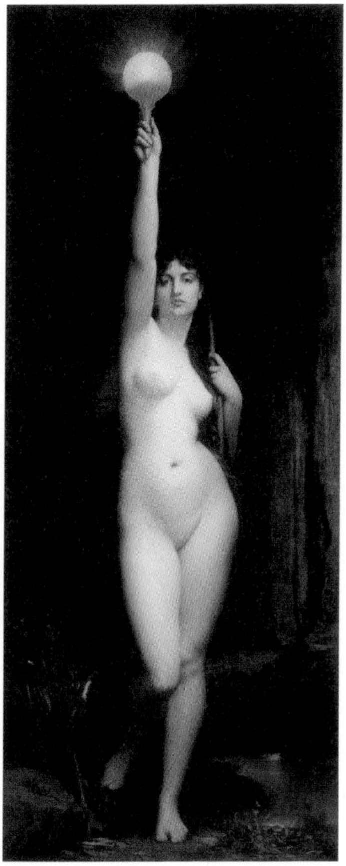

캔버스에 유채
163×80㎝
1856년

캔버스에 유채
264.7×111.8㎝
1870년

르네상스 시대에 꽃핀 고전주의 미술은 조화와 균형, 이상적인 아름다움을 추구하는 고대 그리스와 로마 미술의 '부활renaissance'을 의미한다. 루이 14세 시대에 만들어진 프랑스 미술 아카데미는 이러한 고전주의를 귀감으로 삼았다. 루이 15, 16세 시대에 잠시 전원을 배경으로 한 귀족의 사랑과 노골적인 여성 누드가 가득한 로코코 미술을 일부 수용하기도 했지만, 그에 대한 반감으로 '새로운 고전주의'라는 의미의 신고전주의가 화단을 평정해 19세기에 이른다.

앵그르Jean Auguste Dominique Ingres, 1780~1867는 프랑스 혁명 이후 대중 교화를 목적으로 서사적이고 장엄한 신고전주의 미술을 발전시킨 자크 루이 다비드Jacques-Louis David, 1748~1825의 수제자였다. 조각 같은 몸과 질서 잡힌 구성, 붓질이 전혀 느껴지지 않는 깔끔하고 단정한 채색 등 기법 면에서는 고전적 품위를 잃지 않았지만, 내용 면에서는 관능적인 여성의 누드를 여럿 그림으로써 스승이 말하는 대의명분이나 공익과는 다소 거리가 먼 화풍을 펼쳐나갔다.

〈샘〉은 대중에게 가장 잘 알려진 여성 누드 중 하나이다. 흠 하나 없이 반들반들한 대리석 같은 피부와 몸매를 자랑하는 그녀는 다소곳한 자세로 항아리의 물을 흘려보내고 있다. 쥘 조제프 르페브르Jules Joseph Lefebvre, 1836~1911의 〈진리〉는 앵그르의 〈샘〉과 비슷하다. 한쪽 다리에 무게 중심을 두어 허리선이 꺾이면서 몸의 곡선을 도드라지게 하는, 일명 '콘트라포스토contrapposto' 자세는 고대 그리스 시대 누드 조각상에서 흔히 볼 수 있다.

외젠 들라크루아

사자 사냥

테오도르 샤세리오

고대 로마의 미온 욕실

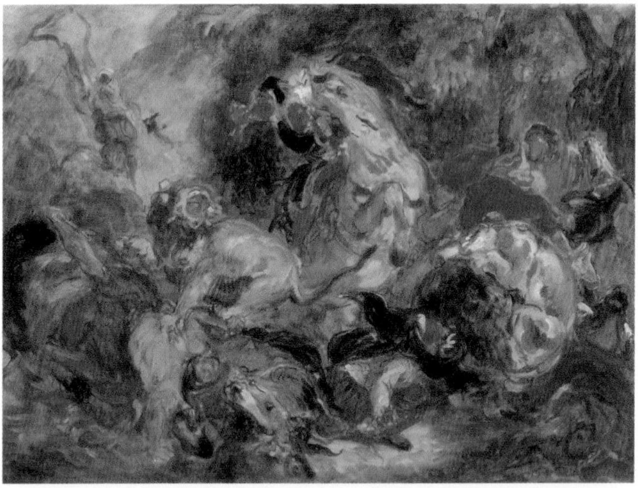

캔버스에 유채
86×115㎝
1854년

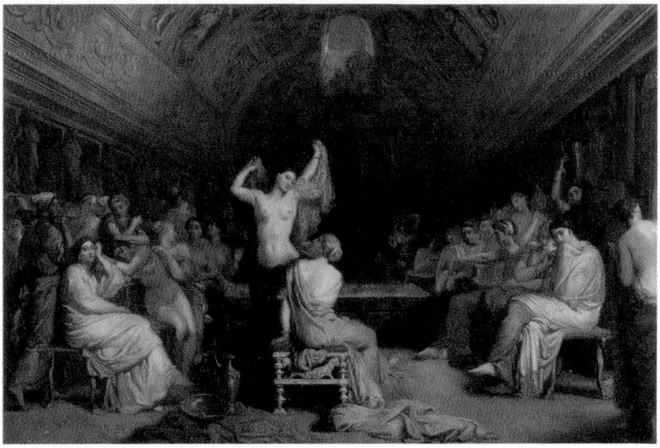

캔버스에 유채
171×258㎝
1853년

프랑스 미술 아카데미를 등에 업은 신고전주의의 다소 관료적이고 획일적인 미술에 대한 반동은 외젠 들라크루아Eugène Delacroix, 1798~1863를 중심으로 한 낭만주의 미술로 이어졌다. 낭만주의 화가들은 다소 관능적이거나 폭력적인 장면을 거친 붓으로 표현하곤 했다. 신고전주의가 고대 그리스와 로마의 건축물을 배경으로 삼고 이성 중심의 도덕적 세계관을 주장하는 동안, 낭만주의는 동방의 이국적 배경을 선호했고, 열정이 넘치는, 포악하고 슬퍼하며 때로는 울부짖는 '감정 중심'의 미술을 화려하고 생경한 색채로 펼쳐 보였다.

들라크루아의 〈사자 사냥〉은 스케치처럼 거칠고 재빠른 붓질로 터번을 쓴 남자가 사자를 잡는 모습을 복잡한 구도와 화려하고 도드라지는 색채로 표현해, 신고전주의풍 그림에서는 느낄 수 없는 인간의 원초적 감정을 느낄 수 있다.

테오도르 샤세리오Théodore Chassériau, 1819~1856는 열두 살 때부터 앵그르의 화실에 들어가 그림을 배웠고, 열일곱 살 때 이미 살롱전에 작품을 낼 정도로 세련되고 우아한 신고전주의 화풍을 유지했다. 그러나 후반부로 갈수록 들라크루아의 영향을 받아 절충적인 양식의 그림을 그리기 시작했다. 〈고대 로마의 미온 욕실〉은 폼페이의 여인들이 목욕 후 휴식을 취하고 있는 장면이다. 조각상을 배치한 듯한 인물 군상, 완벽한 비율의 몸매, 고대 폼페이가 상징하는 로마 및 고전에 대한 향수 등은 신고전주의가 선호하는 바였다. 그러나 귀감이 될 만한 이야기가 사라지고 그저 관능이라는 지극히 사적인 감정에 호소하고 있다는 점과 전체적으로 불온한 기운이 다분한 색채 등은 낭만주의 화풍에 가깝다.

오노레 도미에

세탁부

오노레 도미에

공화국

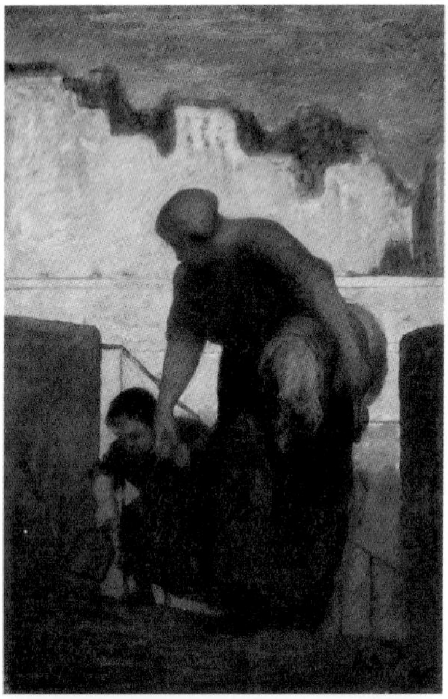

목판에 유채
49×33.5㎝
1863년경

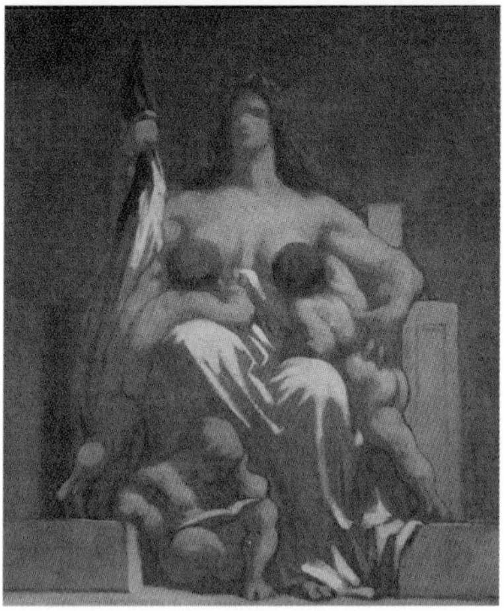

캔버스에 유채
73×60㎝
1848년

열네 살 때부터 석판화를 배운 오노레 도미에Honoré Daumier, 1808~1879는 스물두 살이 되던 해, 막 창간한 시사 주간지 〈카리카튀르La Caricature〉의 삽화가로 데뷔했다. 하지만 국왕 루이 필리프의 모습을 지나치게 희화하는 바람에 수감 생활까지 해야 했다. 그는 여러 유화 작품에서도 공화정을 지지하고 왕정을 비난하는 자신의 정치적 견해를 노골적으로 밝혔고, 주로 노동으로 찌든 소시민의 일상을 그리면서 당대 프랑스 사회의 위선을 지적했다.

세탁부는 당시 가장 천한 직종의 하나로, 노동의 강도에 비해 터무니없이 적은 보수를 받는 대표적인 착취형 직업이었다. 그림 속 세탁부는 한쪽 손에는 세탁물을 들고 다른 쪽 손으로는 아이의 손을 잡은 채 가파른 계단을 막 올라서고 있다. 〈공화국〉은 국민을 배불리 먹일 수 있는 나라, 그리하여 자신이 소중히 생각하는 일을 자유롭게 일구어나갈 수 있는 나라야말로 가장 이상적인 형태의 공화정 국가라는 생각을 표현하고 있다.

도미에는 말년에 개인전 실패, 실명 등의 악재를 겪으며 파산하는 지경에 이르렀고, 대성한 화가이자 자신의 친구인 코로(36~37쪽)가 마련해준 집에서 근근이 살다 생을 마감했다. 그의 묘비명에는 "보라, 여기 한 명의 선한 인간이자 위대한 미술가이며, 최고의 시민이었던 도미에가 잠들어 있다."라는 글이 적혀 있다.

프랑스 미술 아카데미

프랑스 미술 아카데미의 역사는 1648년, 루이 14세 시절 설립된 '왕립 미술 아카데미Académie Royale des Beaux-Arts'(이하 프랑스 미술 아카데미)를 전신으로 한다. 아카데미 창단 회원들은 국가와 루이 14세 왕실에서 보유한 미술품의 보관 및 유지, 작품 선정과 구매 등을 책임졌고, 대내외적인 미술 관련 일을 총괄했다. 아카데미 회원이 되는 것은 프랑스 미술계에서 핵심 멤버가 되는 것을 의미했으며, 그만큼 엄격하게 제한된 자격을 갖추어야만 했다.

재능이 출중한 미술 지망생은 아카데미 회원의 추천을 받아 부설 미술학교인 에콜 데 보자르École des Beaux-Arts에 들어갈 수 있었다. 아카데미는 전통적으로 선과 형태가 색에 우선한다는 신념을 유지하고 있었다. 심지어 에콜 데 보자르는 1876년까지 화가 지망생에게 채색을 가르치지도 않을 정도였다. 그만큼 회화의 중심은 선과 형태라는 고전주의적 사고가 강했다. 이곳 학생은 몇 번의 관문을 통과해야 실제 누드 모델을 보고 습작할 기회를 가질 수 있었다.

에콜 데 보자르에서 공부하는 동안 누릴 수 있는 최고의 영예는 '로마상prix de rome' 수상이었다. 이 상을 받으면 프랑스 미술 아카데미가 로마에 개설한 학교에서 최대 5년까지 머물며 공부할 수 있었다. 귀국 후에는 최종적으로 작품을 제출하는데, 심사위원들은 그 작품과 그간 보여준 학생의 취향과 능력을 바탕으로 아카데미 회원 자격을 심사했다. 또한 그가 역사화가가 될지, 초상화가가 될지 혹은 풍경화가가 될지를 정했다. 물론 아카데미에서 제일 서열이 높은 회화 장르는 영웅, 신화, 종교 등의 내용을 바탕으로 거룩한 가치를 표현해낼 수 있는 역사화였다.

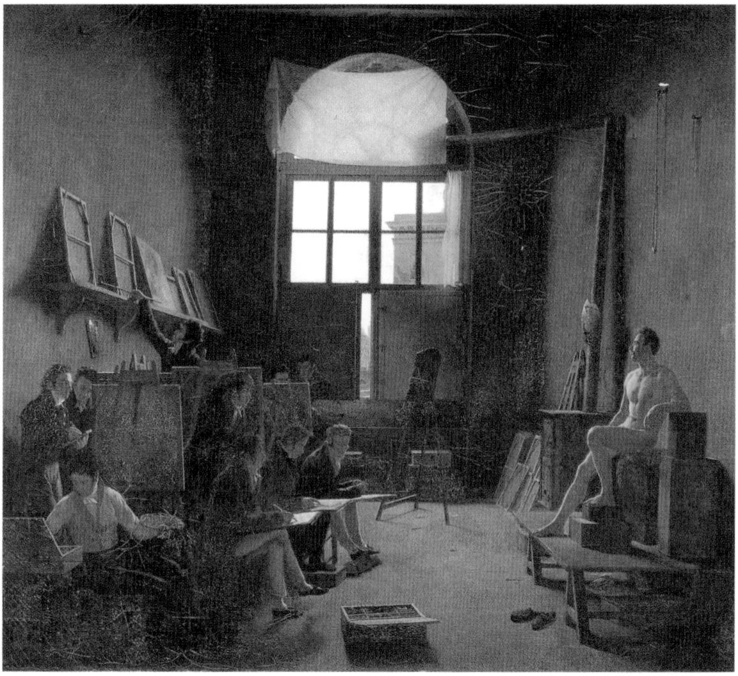

레옹 마티유 코슈로 〈다비드 작업실의 실내 풍경〉
캔버스에 유채, 90×105㎝, 1814년, 루브르 박물관, 파리

살롱전

살롱전은 프랑스 미술 아카데미가 창립 기념으로 개최한 전시회에서 시작되어 이후 정기적 또는 비정기적으로 명맥을 이어왔다. 이 전시회를 살롱전이라고 부르는 이유는 전시 장소가 루브르의 정사각형 건물인 살롱 카레Salon Carré(사각형의 방)에서 열렸기 때문이다.

19세기 파리 살롱전은 그야말로 제도권 미술 세계에 진입하는 최고의 관문이었다. 화가가 작품을 제출하면 아카데미의 심사위원들이 심사를 하는데, 만장일치로 통과한 경우에는 1등급으로 분류되어 전시장에서 가장 좋은 자리, 즉 관람자의 눈높이에 맞춰 걸릴 수 있는 자격을 얻었다. 하지만 낙선하면 작품이 전시장에 걸릴 수 없을 뿐만 아니라 개인 구매자들에게 파는 것도 곤란한 지경에 놓였다.

따라서 살롱전에는 심사위원들의 비위에 맞는 그림이 걸리기 일쑤였다. 주로 에콜 데 보자르 출신의 그림이 높은 점수로 각광을 받았고, 대중은 신문을 통해 접하는 지극히 편협한 비판에 마음을 빼앗기곤 했다.

그러나 날이 갈수록 아카데미가 요구하는 고전적 취향의 그림에 반기를 드는 화가들의 입김이 거세졌다. 들라크루아는 어쩌다 살롱전에 걸린 그의 그림 앞에서 한 관람자가 "손가락을 다 잘라 화가 일을 그만두게 하겠다."는 저주에 찬 악담까지 들을 정도였지만, 훗날 아카데미 회원이 되어 살롱전 심사위원으로까지 활동했다. 이후로도 몇몇 진보적 성향의 화가가 아카데미의 고고한 벽을 넘으면서 살롱전에 걸리는 그림도 더욱 다양해졌다. 물론 그렇게 되기까지 수많은 곡절이 있었고, 그만큼 오랜 시간이 걸렸지만 말이다.

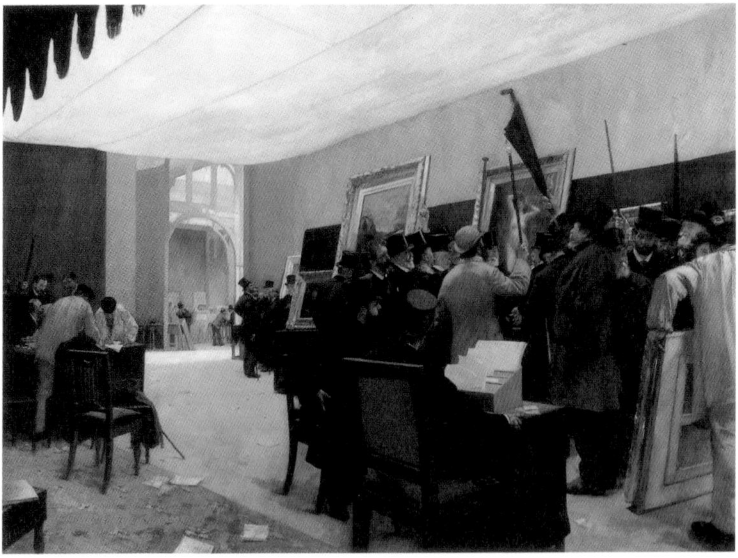

앙리 제르베 〈살롱전에서의 회화 심사 장면〉
캔버스에 유채, 299×419㎝, 1885년, 오르세 미술관, 파리

장 레옹 제롬

닭싸움을 시키는 젊은 그리스인들

장 레옹 제롬

베르사유에서 콩데를 접견하는 루이 14세

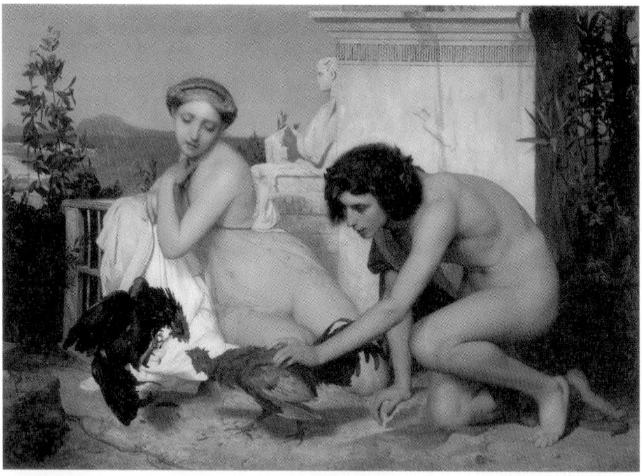

캔버스에 유채
143×204㎝
1846년

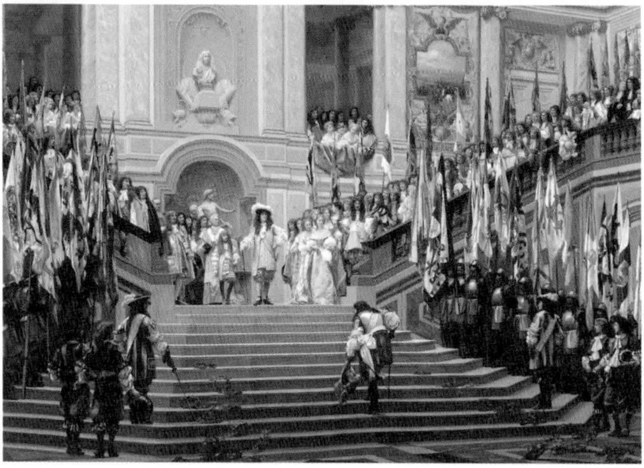

캔버스에 유채
96.5×139.7㎝
1878년

아카데미 부설 미술학교에 다니던 시절 로마상에 도전했으나 퇴짜를 맞은 장 레옹 제롬Jean-Léon Gérôme, 1824~1904은 그 충격에서 벗어나지 못해 〈닭싸움을 시키는 젊은 그리스인들〉을 살롱전에 출품할 때 무척이나 망설였다고 한다. 하지만 작품은 당당히 입선했고, 화단의 높은 평가에 힘입어 장차 화가로 대성할 수 있는 발판이 되었다.

이 작품은 고대 문화에 대한 동경이 그대로 반영되어 있다. 완벽한 형태를 갖춘 청춘 남녀의 몸이 붓 자국 하나 없이 말끔하게 그려져 있어 다분히 고전주의 취향의 아카데미적 이상에 들어맞는다. 남녀라는 두 인물의 대비, 뒤쪽의 스핑크스와 앞쪽의 두 젊은이가 보여주는 노년기와 청년기의 대비는 바싹 마른 나뭇가지와 풍성한 잎이라는 삶과 죽음의 대비로 이어진다.

제롬은 루이 14세 때 왕에게 저항하여 반란을 일으켰다가 결국 굴복한 콩데 백작의 이야기를 사진보다 더 사실감 있게 그려낸 〈베르사유에서 콩데를 접견하는 루이 14세〉 등을 비롯해 주로 역사적인 내용을 담은 작품을 꾸준히 발표했다. 그는 인상파 화가들이 살롱전에 작품을 출품할 때마다 그들이 회화의 기본기를 갖추지 못했다고 비난하곤 했다. 상대적으로 제롬은 살롱전에 그림을 발표할 때마다 보수적인 아카데미와 대중으로부터 열렬한 환호를 받았다. 마침내 그는 1865년 마흔한 살에 아카데미 회원이 되었고, 이후 프랑스 최고의 명예인 레지옹 도뇌르 훈장을 받았다. 제롬의 명성은 국제적으로도 높아서 영국 왕립 아카데미의 회원으로까지 추대되었다.

알렉상드르 카바넬

비너스의 탄생

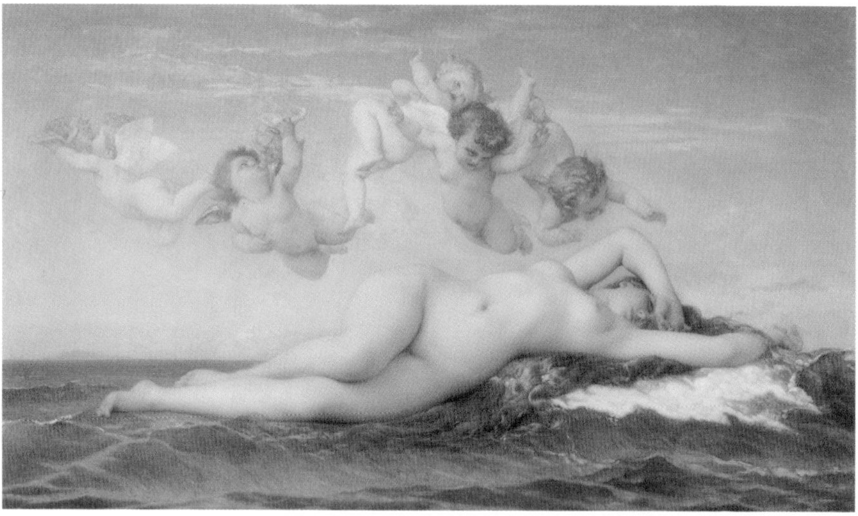

캔버스에 유채
130×225㎝
1863년

알렉상드르 카바넬Alexandre Cabanel, 1823~1889이 이 작품을 발표했을 때 반응은 격렬했다. 대부분은 비너스의 아름다움을 격찬했지만, 음란하고 외설적이라는 평가도 무시할 수 없었다. 당시 프랑스 사회는 여성에 대한 도덕적 잣대가 엄격했다. 여성이 발목만 보여도 기겁을 하던 시대로 수영할 때조차도 드레스 차림을 해야 할 정도였다. 현실에서는 '옷이 아니라 거의 붕대 수준'으로 몸을 꽁꽁 싸매고 가려야 했던 여성들은 화가의 붓끝을 타고 그림 속으로 들어가면 과감하게 온몸을 다 드러내기 일쑤였다. 그 여성들은 대부분 신화, 그중에서도 비너스라는 핑곗거리를 옷 대신 걸치고 있었다.

로스 킹의 책 《파리의 심판》에는 테오필 고티에Théophile Gautier, 1811~1872라는 미술평론가가 1863년의 살롱전을 "비너스의 살롱"이라고 야유한 부분이 언급되어 있다. 알렉상드르 카바넬의 〈비너스의 탄생〉은 테오필 고티에를 비롯한 많은 비평가가 살롱전이 "벗고 벗기고, 또 훔쳐보는 누드로 가득 차 있다."는 한탄을 늘어놓았던 바로 그해의 입선작이다.

외설이냐 예술이냐의 갑론을박은 나폴레옹 3세가 그림을 구입함으로써 간단하게 일단락되었다. 나폴레옹 3세가 예술적 심미안이 있는 자인가 아닌가는 사실 문제가 아니었다. 그저 그가 이 그림을 선택했다는 것만으로도 카바넬은 그해 살롱전의 대스타가 되었고, 외설을 운운했던 평가는 한동안 '선의 아름다움', '형태의 완성미', '수학적으로 잘 계산된 완벽한 인체의 비례', '경지에 이른 채색' 등의 말로 가려졌다.

윌리앙 아돌프 부그로

비너스의 탄생

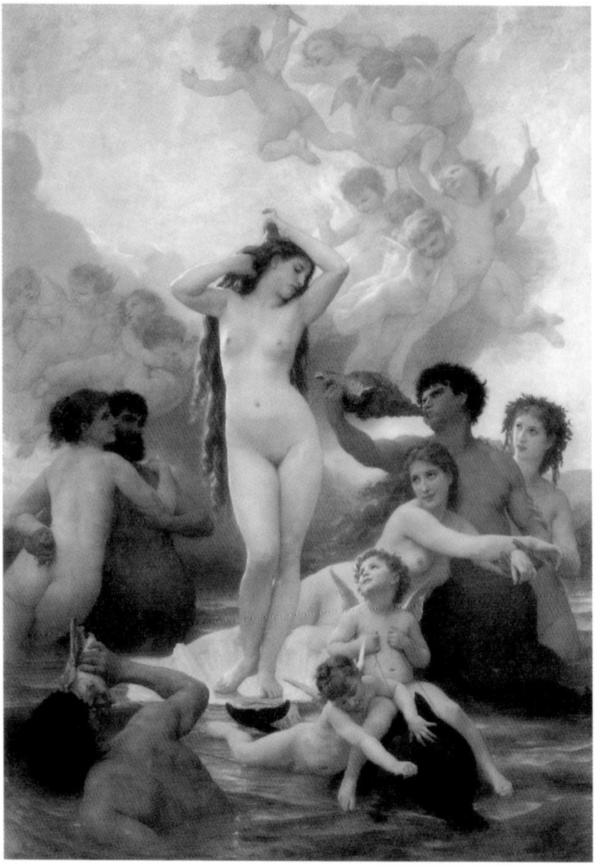

캔버스에 유채
300×215㎝
1879년

윌리앙 아돌프 부그로William-Adolphe Bouguereau, 1825~1905는 자신의 그림 중 고작 10퍼센트 남짓 그린 누드화로 워낙 유명세를 떨쳐 언제나 '누드화의 대가'라는 꼬리표와 함께한다. 고전적 아름다움과 낭만적 정서가 넘치는 그림 속 비너스는 눈을 가리거나 고개를 돌려 외면함으로써 자신의 몸을 관음증적 욕구의 대상으로 삼는 남성 관람자를 배려한다. 여인의 날선 눈은 벗은 몸에 들뜬 감상자의 수치심을 자극할 수 있기 때문이다. 부그로는 이처럼 여성을 성적 대상화하는 누드화로 이름을 떨쳤지만, 한편으로는 프랑스 제도권 미술에 더 많은 여성이 모델이 아닌 미술가로서 참여할 수 있는 방안을 마련해야 한다고 주장하기도 했다. 그러나 고도의 인내력이 빚어낸 완벽한 기교의 화풍은 반아카데미파의 진보적인 젊은 화가들에게 진부함으로 비쳤고, 늘 조롱의 대상이 되기도 했다. 그의 제자였던 마티스가 그에게 등을 돌린 건 물론이고, 누군가가 정갈하고 별 개성 없는, 그리하여 다분히 교과서적인 그림을 그리면 "꼭 부그로 같네."라는 식으로 비아냥대기 일쑤였다.

아카데미의 권위가 높던 시절에 부그로는 영화를 누릴 만큼 누렸지만, 화단의 분위기가 바뀌면서 무서울 정도로 잊혀갔다. 마치 혁신의 인상파나 그 이후의 진보적 성향의 화가들이 타파할 고루한 보수가 오로지 부그로 한 사람뿐인 양 가혹할 정도로 그의 그림은 비판의 대상이 되었고, 미술관을 비롯한 공공장소에서 내려지기 시작했다. 그에 대한 재조명이 이루어진 것은 1960년대 이후 경매 시장에 그의 그림이 다시 등장하면서부터다.

장 바티스트 카미유 코로

아침, 요정들의 춤

장 바티스트 카미유 코로

생니콜라레자라스의 방앗간

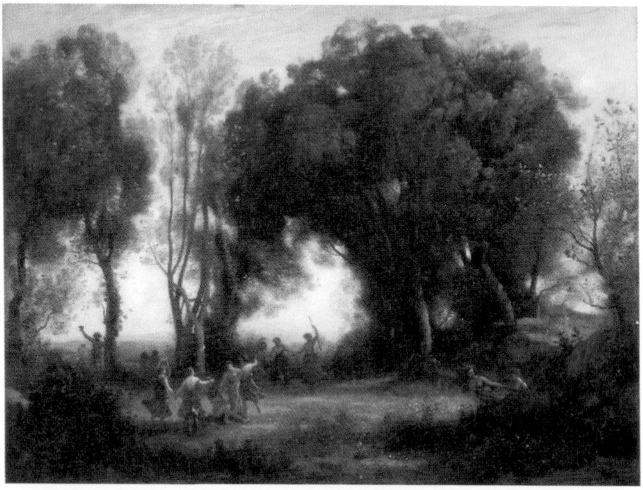

캔버스에 유채
98×131㎝
1850년

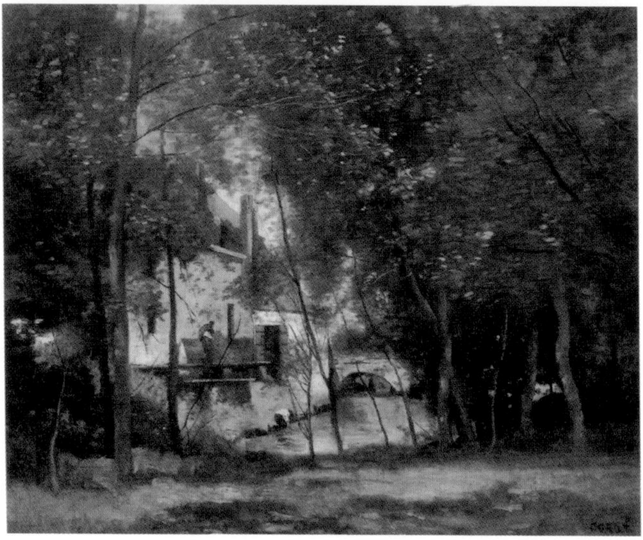

캔버스에 유채
65.5×81㎝
1874년

19세기 중반에 장 바티스트 카미유 코로Jean-Baptiste-Camille Corot, 1796~1875, 밀레, 디아즈 드 라 페냐 등의 화가들은 파리를 떠나 바르비종의 퐁텐블로 숲에 모여 아름다운 대자연의 풍경을 낭만적이면서도 사실적으로 화폭에 담기 시작했다. 역사화를 최고로 여기는 당시 아카데미의 분위기에서 풍경화는 가장 서열이 낮은 장르였다. 수시로 변하는 거칠고 야만스러운, 그리하여 인간의 이성과 가장 동떨어진 자연을 굳이 그릴 필요가 있냐는 생각 때문이었다. 하지만 바르비종의 화가들은 아카데미의 고루한 사고에서 벗어나 눈앞의 풍경을 그대로 화면에 담기 시작했다.

아직 휴대할 수 있는 튜브형 물감이 널리 보급되기 전이라 야외에서는 스케치만 하고, 어두운 화실에 돌아와 채색을 해야 했지만, 가능한 그 풍경을 실제의 모습에서 큰 어긋남 없이 그리려 했다. 그들은 아침녘 혹은 오후, 또는 흐린 날이나 맑은 날 등 빛에 따라 달라지는 자연의 색에 매료되었다.

코로는 초기에는 다소 고전주의적 취향이 가득한 풍경화나 초상화 작업에서 두각을 나타냈지만, 후반기로 갈수록 은빛 색감이 가득한 나른하고 고혹적인 풍경을 부드러운 붓질로 그렸다. 그의 작품 앞에 서면 흐린 날 유난히 더 짙어 보이는 녹음의 신비로움이 고스란히 전해진다.

부유한 집안에서 태어나 스물여섯 늦은 나이에 그림을 시작한 코로는 비교적 큰 어려움 없이 살롱전에서 성공을 거두었고, 이후에도 많은 유산을 물려받아 비교적 '돈 되는 일'과 상관없이 자신의 독특한 그림 세계를 개척할 수 있었다. 밀레가 죽은 뒤 그의 미망인에게 연금을 대준다거나 오노레 도미에에게 집을 사준 일 등은 화단에 잘 알려진 그의 선행 중 극히 일부이다.

장 프랑수아 밀레

만종

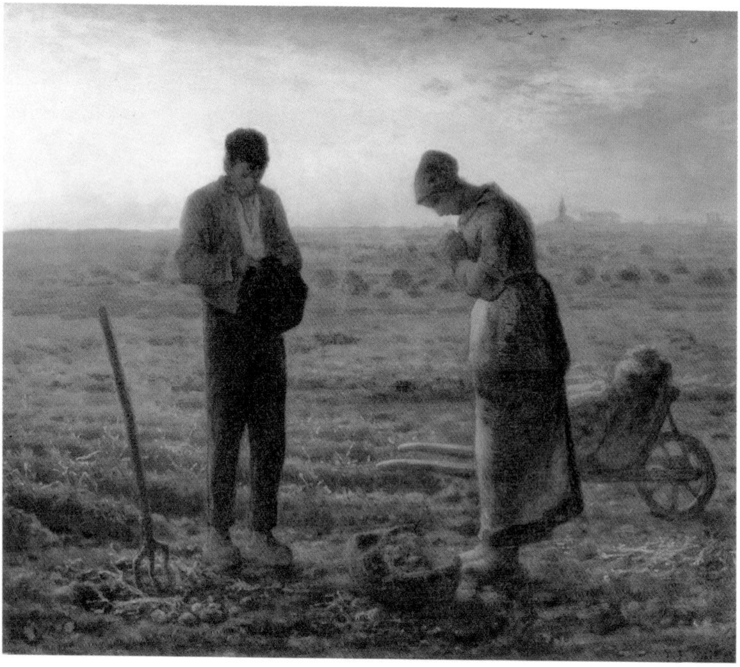

캔버스에 유채
55.5×66㎝
1857~1859년

장 프랑수아 밀레

이삭 줍는 여인들

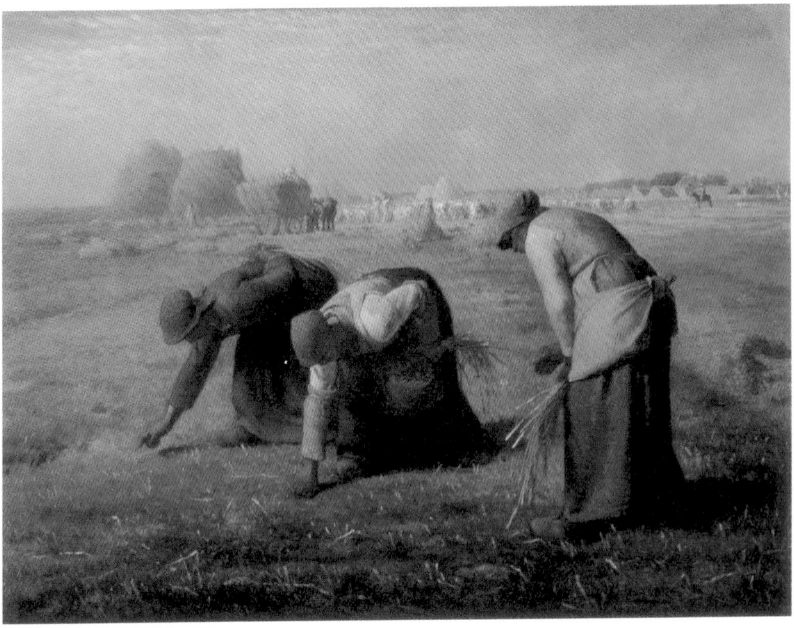

캔버스에 유채
83.5×110㎝
1857년

장 프랑수아 밀레

몸을 뒤로 젖히고 있는 누드

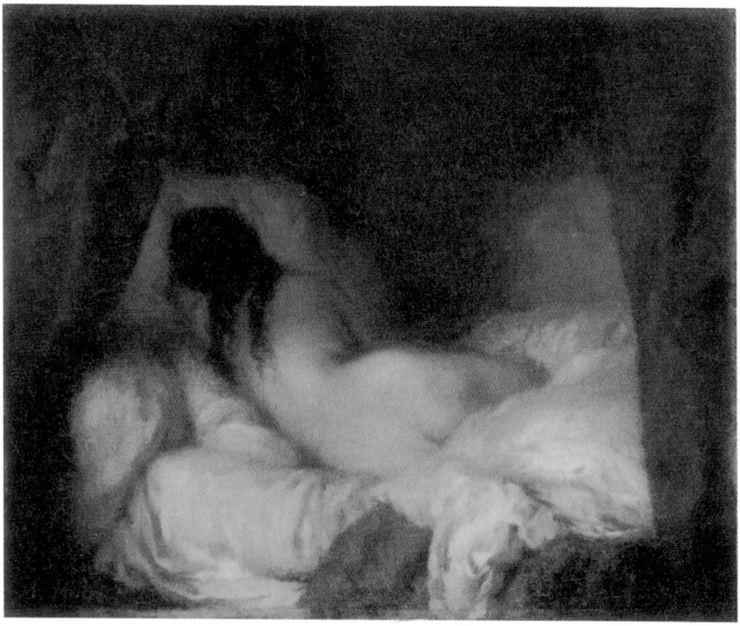

캔버스에 유채
33×41㎝
1844~1845년

유복한 농가의 자손으로 성장했던 장 프랑수아 밀레Jean-François Millet, 1814~1875는 한때 가난하고 인정받지 못하는 화가로 살았다. 그는 〈몸을 뒤로 젖히고 있는 누드〉처럼 당시 파리에서 유행하던 춘화春畵 수준의 그림으로 생계를 잇기도 했다. 궁핍한 삶을 피해 바르비종으로 거처를 옮긴 그는 함께한 화가들처럼 '있는 그대로의 자연'을 그리는 일에 몰두했다.

그러나 그는 풍경을 주인으로 하는 이들과 달리, 언제나 인물을 주인공으로 삼았다. 또한 그가 주인공으로 삼은 인물은 아카데미가 선호하는 신화나 종교적 인물 혹은 혁혁한 공을 세운 영웅이 아니라, 그저 땅을 주인으로 삼고 일하는 농부라는 점에서 파격적이었다. 그 때문에 '가난하고 소외된 자들의 삶'을 그리는 '농민 화가'라는 이름을 얻었지만, 밀레는 정치적 입장과 자신의 예술을 분리시키고자 하였다. 사실 〈이삭 줍는 여인들〉은 당시 농사꾼의 작업 중에서도 가장 힘들고 보수도 변변치 못한 일을 하는 이들의 가혹한 노동 현장을 지나치게 미화시켰다는 점에서, 좌파로부터 문제의식이라곤 전혀 없는 지식인이라는 비난도 받았다.

〈만종〉은 하루 일과를 마친 뒤 아무리 고된 삶이라도 그저 신에게 묵도하는 겸손한 농부의 모습으로 읽을 수 있다. 그러나 훗날 그림을 감식한 결과 밀레가 부부 발치에 열악한 환경 때문에 굶주려서 생을 마감한 아이의 시신을 담은 바구니를 그렸다가 지운 사실이 밝혀졌다. 본인의 주장이 어떠하건, 다소간에 현실에 대한 고발 의지가 있었다고 볼 수 있다.

한때 〈만종〉은 미국으로 팔려갔는데 이 사실이 프랑스인의 자존심을 건드렸다. 결국은 알프레 쇼샤르Hippolyte-Alfred Chauchard라는 대부호이자 미술애호가가 다시 사들여 국가에 기증했다.

귀스타브 쿠르베

오르낭의 매장

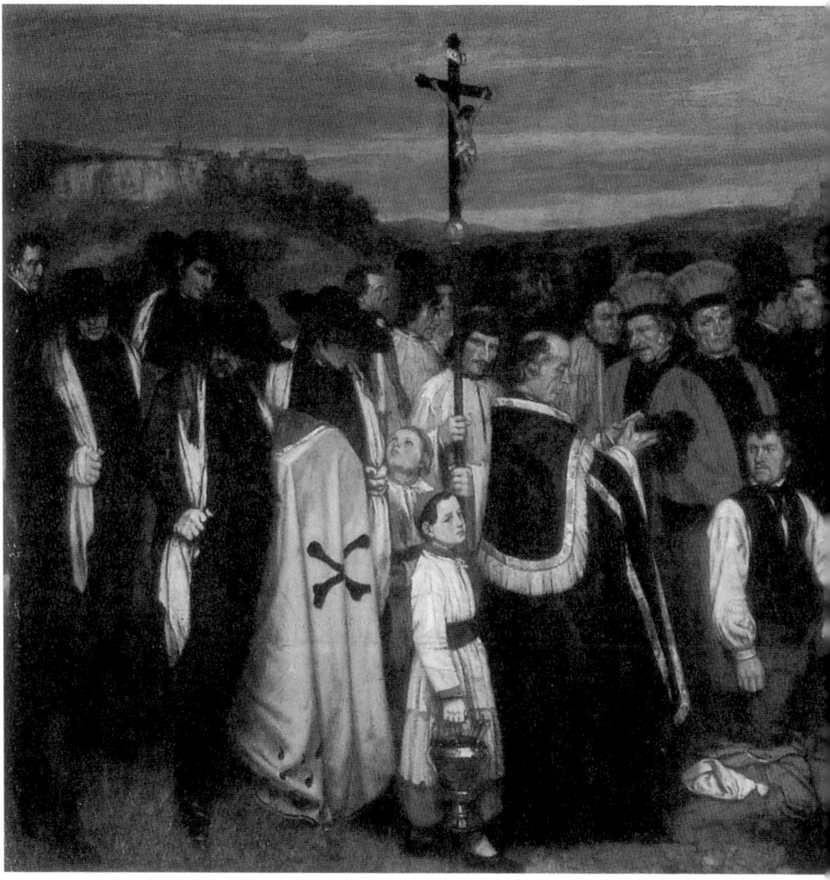

캔버스에 유채
315×668㎝
1849~1850년

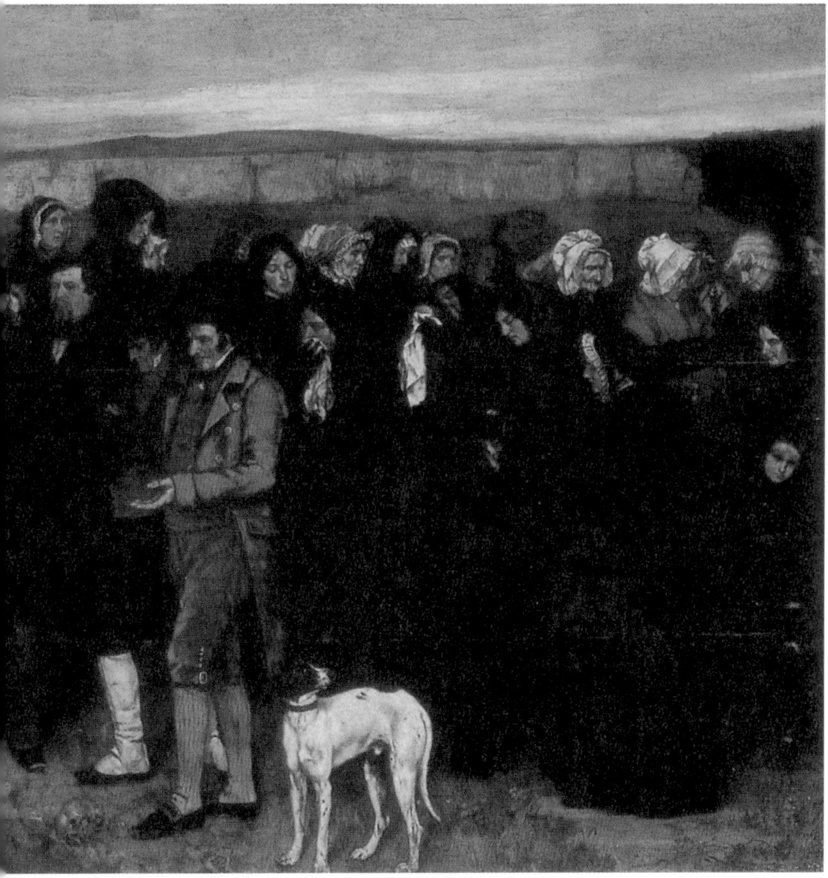

토마 쿠튀르

쇠퇴기의 로마인들

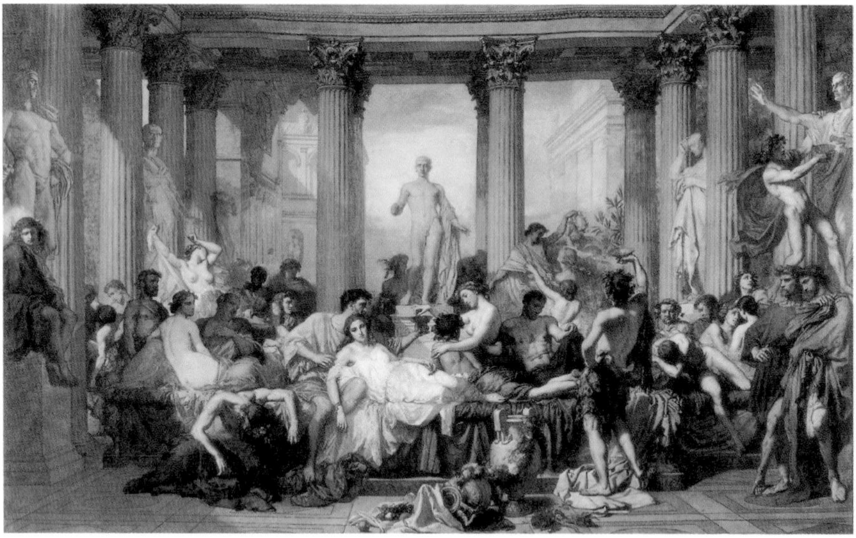

캔버스에 유채
472×772㎝
1847년

"내게 천사를 보여다오, 그러면 천사를 그리겠다." 이 말만큼 귀스타브 쿠르베Gustave Courbet, 1819~1877의 미학을 잘 설명하는 말은 없다. 이는 이미 죽어 존재하지 않는 역사 속의 영웅, 종교적 인물, 신화를 배경으로 한 존재를 그리는 일이 찬양받던 당대의 보수적인 화단을 겨냥한 반항의 주먹질인 셈이다.

미술사에서 '모더니즘'은 미술의 흐름 중에서 가장 격렬하게 전통을 부정하고 새롭고 진보적인 시각을 전개한 19세기 중엽의 프랑스 파리, 그중에서도 쿠르베를 중심으로 한 '사실주의'를 선두로 설정되곤 한다. 쿠르베는 과거의 인물을 고대 혹은 낯선 나라의 풍경 속에 나열하면서 진부하고 케케묵은 이상이나 말랑말랑한 동경을 역설하는 대신, 자기가 속한 시대의 면면을 담담하게 그리고자 했다는 점에서 사실주의의 선구자가 되었다.

살롱전 전시회장의 벽면 하나를 다 차지할 만큼 큰 화면에 그려진 〈오르낭의 매장〉은 "농부의 죽음에 이렇게 많은 양의 물감을 써야 했느냐."는 비난을 받을 만큼 당시 화단에 충격을 안겼다. 보통의 역사화에서 쉽게 찾아낼 수 있었던 영웅이 사라지고, 설교를 늘어놓는 도덕적 가치도 사라진 시골 마을의 그저 그런 일을 담고 있을 뿐이다.

토마 쿠튀르Thomas Couture, 1815~1879의 〈쇠퇴기의 로마인들〉의 등장인물은 모두 완벽하게 이상화된 신체를 가지고 있다. 로마풍의 건축물과 조각상을 배경으로 한 점, 화면 오른쪽에 두 명의 게르만인을 등장시켜 퇴폐적인 로마인과 대조해 "로마의 멸망은 바로 이런 타락에서 비롯되었다."라는 식의 메시지를 설파하는 점은 쿠르베의 이상과 완전히 대척점이라 할 수 있는, 그야말로 아카데믹한 화풍이라 할 수 있다.

귀스타브 쿠르베

화가의 작업실

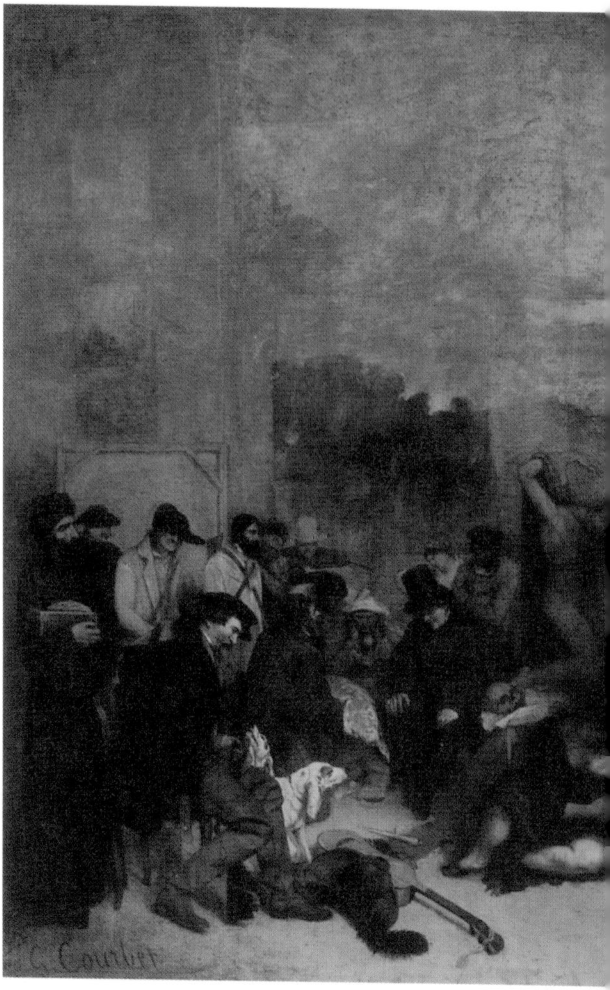

캔버스에 유채
361×598㎝
1854~1855년

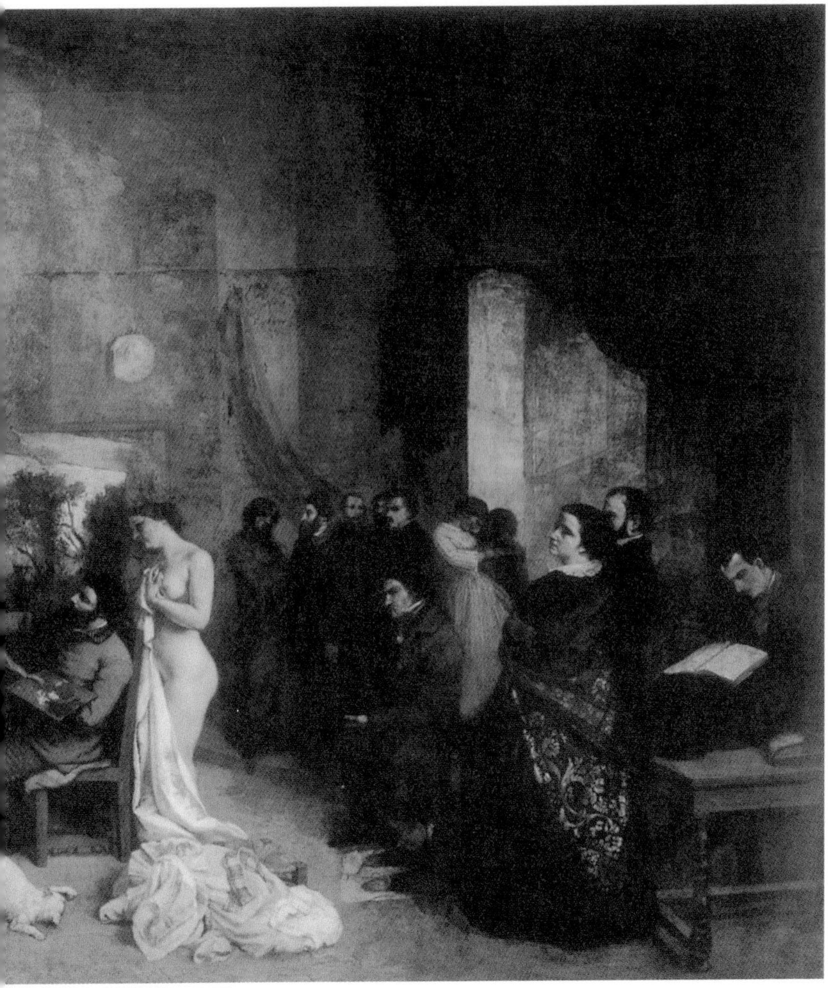

귀스타브 쿠르베

부상당한 남자

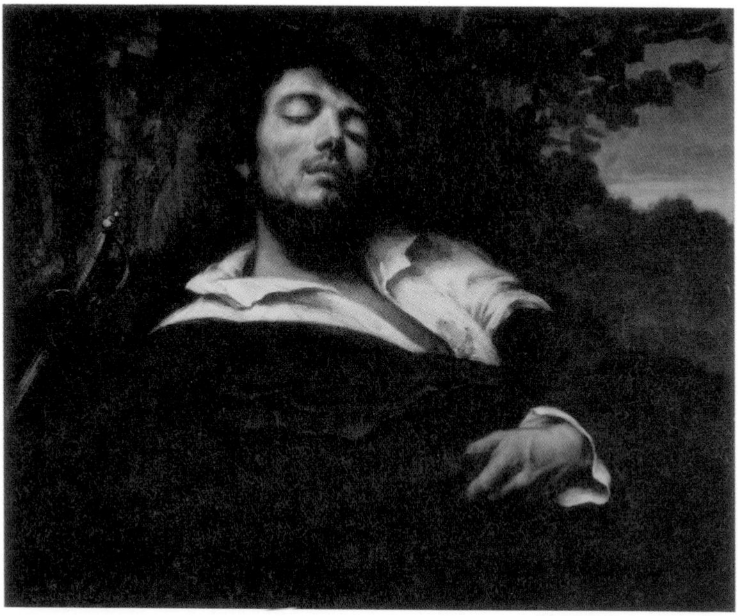

캔버스에 유채
81.5×97.5㎝
1844년

〈화가의 작업실〉은 1855년 파리에서 열린 만국박람회 전시에 제출했다가 거절당한 작품이다. 심사에서 떨어진 쿠르베는 박람회장 근처에 사비를 털어 '사실주의관Pavillon de realisme'을 세운 뒤, 자신의 작품 40여 점을 전시했다. 이때 그가 사용한 '사실주의'라는 말은 '천사를 보여주면 천사를 그리겠다'는 그의 미술관을 집약하고 있다.

〈화가의 작업실〉에서 그는 자신을 당시 아카데미에서 천시받던 풍경화가로 연출해 권위에 도전하고 있다. 그의 곁을 서성이는 누드모델은 그에게 예술적 영감을 주는 여신 '뮤즈'를 상징한다. 화면 오른쪽에 있는 사람들은 '생명을 먹고 사는 사람들'로, 쿠르베의 지적 세계에 영향을 준 보들레르, 샹플뢰리, 프루동 등이다. 왼쪽에 있는 사람들은 '죽음을 먹고 사는 사람들'로, 육체노동에 시달리는 가난하고 소외된 계층이다. 이는 그의 예술이 어느 한쪽만을 위한 것이 아니라 두 세계에 속한 모든 사람을 위한 것이라는 은유인 셈이다.

〈부상당한 남자〉는 쿠르베가 남긴 여러 자화상 중 하나로 자신을 결투 끝에 상처를 입고 죽어가거나 잠든 모습으로 표현했다. 1844년에 그렸다가 10년 뒤에 수정한 이 자화상은 원래 검이 있던 자리에 그의 연인이 어깨에 기댄 모습으로 그려져 있었다. 그녀가 쿠르베 사이에서 태어난 아이를 데리고 떠나버린 뒤 그녀의 모습은 삭제되었다. 자화상 속 인물의 부상은 바로 결별의 '상처'인 셈이다. 더러 이 자화상은 고리타분한 보수와 격렬하게 싸우지만 늘 좌절하는 지극히 고독한 예술가의 나르시시즘적인 표현으로도 읽힌다.

귀스타브 쿠르베

세계의 기원

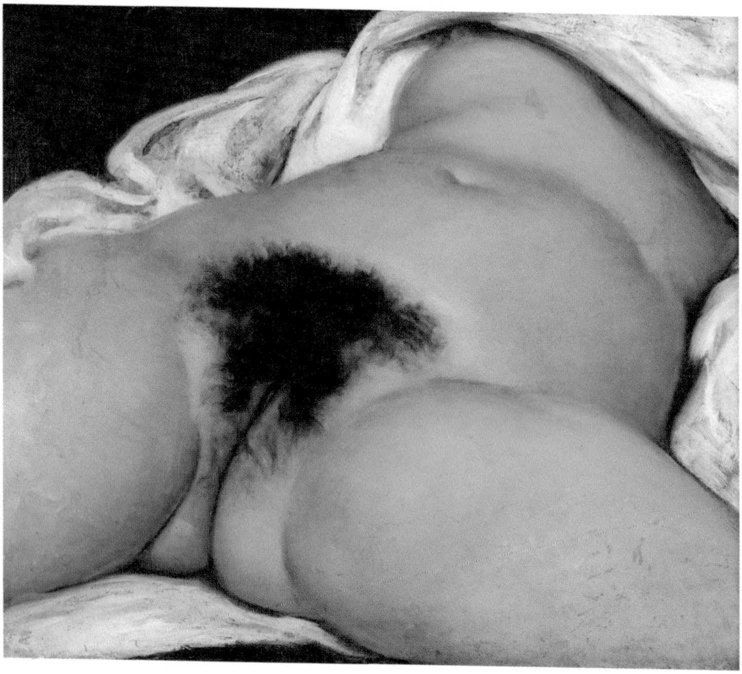

캔버스에 유채
46×55㎝
1866년

쿠르베는 프랑스 제2제정 시대에 재위한 나폴레옹 3세를 향해 격렬한 비난을 서슴지 않았다. 그는 1871년 파리 코뮌Paris Commune이 정권을 장악했을 때 선두에 서서 루브르 박물관 감독 일을 자처했다. 그러나 코뮌이 실각하자 방돔 광장에 있던 나폴레옹 동상을 파괴했다는 죄목으로 투옥되었고, 조각상을 다시 세우는 데 드는 비용을 모두 지불하라는 형벌을 받았다. 결국 비용을 대지 못해 그림과 전 재산을 몰수당한 그는 스위스로 망명해 그곳에서 생을 마감했다.

저항 기질이 다분했던 피 끓는 청년 쿠르베는 강도가 센 '야한 그림'으로도 악명을 떨친다. 노골적으로 여성 성기 부분만 클로즈업해서 그린 〈세계의 기원〉은 동료 화가인 제임스 휘슬러James Whistler의 연인이었던 조애너 히퍼넌Joanna Hiffernan이 모델이었던 것으로 알려졌는데, 그림이 완성된 후 두 화가가 결별했다는 소문도 있다.

〈세계의 기원〉은 살롱전 등의 공적인 전시를 위해서가 아니라 외설적인 그림을 선호하고, 성적으로도 방종하기로 소문난 파리 주재의 터키 대사인 할릴 베이Khalil Bey의 주문으로 제작되었다. 그림이 워낙 노골적이라 할릴 베이도 가까운 지인이 아니면 보여주지 않을 정도로 쉬쉬했고, 이후 팔려 정신분석학자 자크 라캉Jacques Lacan를 비롯해 몇몇 소장자를 거쳐 1995년부터 오르세에 입성했다. 여러 명의 손을 탔지만 온전하게 잘 보관된 이유는 어쩌면 '너무 야해서' 외부 노출이 그만큼 적었던 탓일 수도 있다.

귀스타브 쿠르베

샘

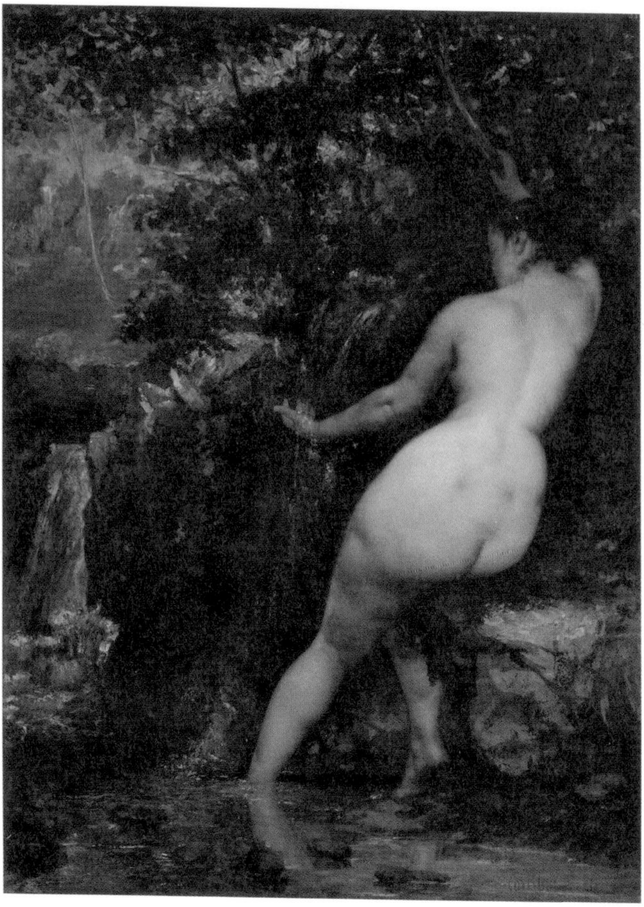

캔버스에 유채
128×97㎝
1868년

쿠르베는 그림 속 누드를 완벽한 몸매를 가진 이상적인 여인상으로 과장하지 않았다. 덕분에 항간에는 나폴레옹 3세가 너무나 육중하고 볼품없는 쿠르베의 나부를 보고 격분해 그림에다 채찍질을 했다는, 믿거나 말거나의 소문까지 있다. 대체로 서양의 누드화는 조각상에 피부색만 입힌 듯한 느낌을 준다. 이는 고대 그리스인이 추구한 '이상적인 인체상'을 모범으로 삼던 고전주의의 당연한 결과라 볼 수 있다. 고대 그리스인은 완벽한 인체를 재현하기 위해 실제 모델의 단점은 최대한 감추었으며, 몸매 또한 8등신, 9등신 등의 수학적인 비율을 정해 제작했다. 그들은 어느 시대, 어느 공간의 사람이라도 누구나 인정할 수밖에 없는 절대적인 미, 보편적인 미, 고전적인 미를 추구했다.

그러나 쿠르베의 누드화는 철저히 사실주의를 추구한다. 〈샘〉에서 등을 돌린 채 한 손을 흐르는 물에 맡긴 여인은 얼핏 신화의 한 장면을 연상시키지만, 펑퍼짐한 엉덩이나 두터운 허벅지 등은 비너스가 아니라 동네 목욕탕에 온, 그야말로 '이웃집 아줌마'를 떠올리게 한다.

쿠르베는 자신의 사실주의를 두고 "리얼리즘은 이상을 거부하는 것이고, 이상을 거부하는 것은 개인을 자유롭게 하는 것이며, 그것이야말로 민주주의를 쟁취하는 것이다."라고 말했다. 사실 잔뜩 이상화된 누드화는 어떤 개인의 아름다운 모습을 그린 것이라기보다는 '자고로 여자는 이 정도는 되어야 한다'라는 기준과 표본을 제시하는 것이라고 할 수 있다. 오늘날 포토샵을 통해서 혹은 뼈를 깎는 성형의 고통으로 만들어진 연예인의 완벽한 신체가 평범한 여성에게 알게 모르게 가하는 유무형의 폭력을 생각하면 그가 말하는 사실주의의 변이 이해된다.

낙선전

살롱전은 오늘날의 프로 스포츠 경기와 맞먹을 정도로 대중적인 인기를 끌었다. 나폴레옹 3세가 권력을 장악한 제2제정 때 살롱전은 가능한 한 국민을 즐겁게 하여 복잡한 정치 문제에 공연한 관심을 두지 않도록 유도하는 일종의 '국민 마취제' 같은 구실을 할 정도였다. 살롱전은 보통 5월 초부터 약 6주 정도 지속되었다. 어지간한 사람이면 별 부담을 느끼지 않을 정도의 입장료만 받았고, 심지어 일요일에는 무료였다. 관람객의 수가 6주 만에 100만여 명을 돌파하는 해도 있었는데, 당시 파리의 인구가 170만 명임을 감안하면 실로 놀라운 숫자였다.

사람이 많이 모이는 행사이니만큼 잡음도 많았다. 살롱전에 작품이 걸리기만 하면 성공의 문턱에 오를 수 있다는 생각에 사로잡힌 화가들이 지나치게 많은 작품을 응모하는 일도 생겼고, 결국 제출 가능한 작품 수를 세 점으로 줄이겠다는 발표까지 나오기도 했다. 혹은 전시를 격년으로 연다는 소문이 돌면 저마다 이런저런 반론을 제기하며 신문과 잡지를 뜨겁게 달구는 소동도 벌어졌다. 게다가 심사위원이 대부분 프랑스 미술 아카데미 소속이나 그 산하인 에콜 데 보자르 출신이어서 작품 선정에 대한 불공정 논란도 끊이지 않았다. 로스 킹의 《파리의 심판》에도 언급되어 있듯, 들라크루아 같은 화가의 눈에 1860년대에 라파엘로를 추종하는 평균 나이 예순여덟 살의 심사위원들은 "로마만 숭배하는 잡종 라파엘로주의자"일 뿐이었다.

어찌 보면 고루한 이 심사위원들은 빼어난 미술가를 '발굴'하는 역할보다 '기죽이는' 일에만 앞장서는 듯 보이기도 했다. 살롱전에 낙선한다는 것은 화가가 작품을 팔 길마저 막막해진다는 의미여서, 낙선 소식을 들은 화가가 자살하는 사건이 일어나기도 했다.

특히 1863년의 살롱전에서는 낙선 미술가들의 원성이 그 어느 때보다 드셌다. 5,000점이 넘는 작품 중 낙선율이 거의 60퍼센트를 넘는 것은 지나친 처사라는 여론이 압도적이었다. 편파적이고 무성의한 심사에 대한 비난이 이어지자 결국 나폴레옹 3세는 낙선자를 위한 전시회 개최를 명령했다. 어찌 보면 배려이지만, 한편으로는 낙선이 당연한 결과였음을 보여주겠다는 의도도 다분한 이 낙선전Salon des Refusés은 '추방자들의 살롱'이니 '이단자들의 살롱'이니 하는 조롱과 함께 실시간 중계에 가까운 신문 기사를 업고 성황리에 개최되었다. 대중은 예술적 식견이 높지 않았고, 따라서 시대를 잘못 타고난 화가들에 대한 경외감 따위는 부족했다. 낙선전은 단 1회의 해프닝으로 끝났다. 그 이후로도 낙선한 미술가들이 낙선전 재개최를 꾸준히 요구했지만 나폴레옹 3세는 수용하지 않았다.

에두아르 마네

풀밭 위의 점심식사

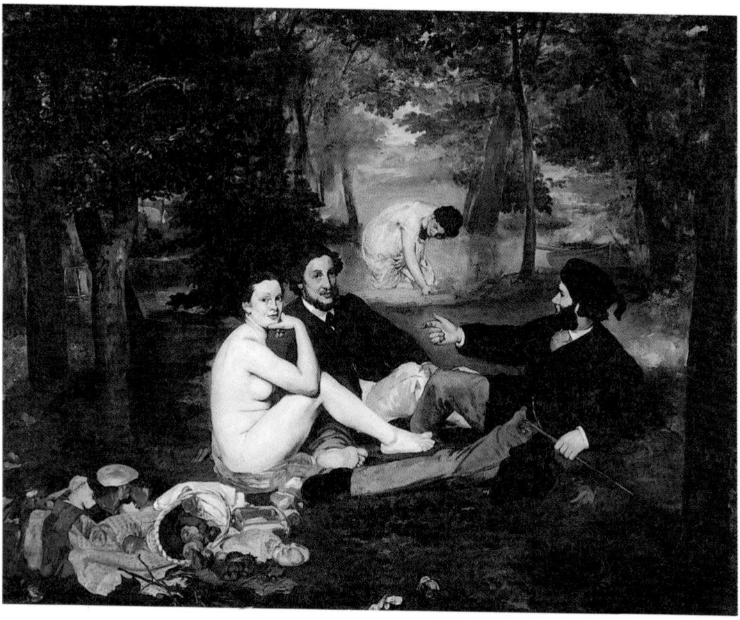

캔버스에 유채
208×264.5㎝
1863년

에두아르 마네[Édouard Manet, 1832~1883]는 1863년 낙선전의 대스타였다. 제도권에 의해 강하게 거부되고 무지한 대중으로부터 가혹할 정도로 조롱을 받았던 그의 그림은 이후 미술의 판도를 완전히 바꾸는 단초가 되었다. 파리 대학생 같은 옷차림의 두 젊은 남자 앞에 수치스러움을 전혀 느끼지 않는 알몸의 여자가 물끄러미 화면 밖 관람자를 응시하는 〈풀밭 위의 점심식사〉는 상황 자체의 외설스러움만으로도 비난의 표적이 되었다.

심지어 이 그림은 미술학원에 가면 기본으로 배우는 가장 밝은 부분과 가장 어두운 부분 사이의 단계적 명암 변화조차 제대로 그리지 못했다는 지적을 받았다. 명암을 단계적으로 표현하는 것은 곧 대상의 양감을 표현하는 것으로, 그림은 비록 2차원의 평면이지만 그 안에 그려진 것에 입체감을 입히는 작업이다. 그러나 마네의 옷 벗은 여인은 마치 색종이를 오려 붙인 것처럼 납작하게 그려졌다.

이는 사실상 '시선의 사실주의'라고 할 수 있다. 즉, 우리가 실제로 햇빛이 가득한 곳에서 대상을 볼 때는 아카데미 화가들이 정확하게 그려내는 은근한 명암의 변화를 감지하지 못한다. 그저 밝은 부분과 어두운 부분의 대립만 볼 뿐이다.

여인의 몸매도 전혀 이상적이지 않다. 머리는 크고 뱃살이 몇 겹 접힌, 매우 사실적인 여인의 몸을 두고 관람객의 불평이 쏟아졌다. 신화라는 얄팍하기 그지없는 변명거리를 대동한 고혹적이고 완벽한, 미끄러지듯 아름다운 여성 누드를 보는 데 익숙했던 살롱전의 관람객과 심사위원 들은 이 작품을 두고 야만스럽고 속물적이며 낙선전의 그림 중에서도 가장 형편없다고 손가락질했다.

에두아르 마네

피리 부는 소년

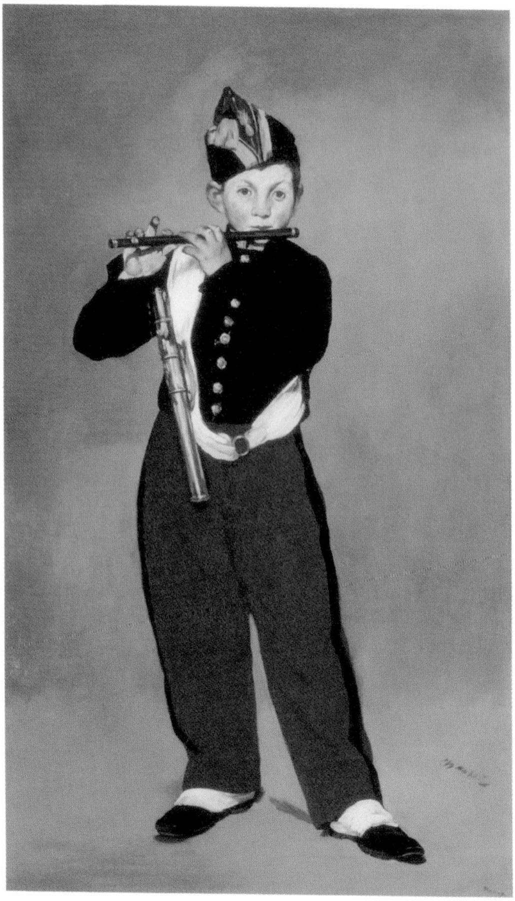

캔버스에 유채
161×97㎝
1866년

1866년 살롱전에서 낙선한 작품으로, 1863년의 낙선전이 1회에 그쳐 당시 대중은 이 그림을 볼 기회가 거의 없었다. 심사위원들은 이 작품이 〈풀밭 위의 점심식사〉와 마찬가지로 입체감, 즉 양감 표현이 없다는 점을 지적했다. 검은 상의는 말할 것도 없고 소년의 붉은 바지도 간신히 몇 줄의 음영만 느껴질 뿐, 전체적으로 평평하게 그려져 있어서 마치 '카드에 그려진 그림'을 보는 것 같다고 비난했다. 사실 이런 평면적인 그림은 당시 일본의 평면적인 판화인 우키요에浮世繪의 영향으로도 볼 수 있다. '덧없는 세상을 그린 그림'이라는 뜻의 우키요에는 만화처럼 단순한 선과 선명한 색으로 그려졌다.

소년이 서 있는 공간 역시 깊이가 전혀 느껴지지 않는다. 화가들이 배경을 처리할 때는 벽과 바닥을 가르는 선이나 몇몇 사물을 그려 넣어 가상으로나마 인물이 서 있는 공간을 설정하는 것이 일반적이었다. 그러나 마네는 소년의 발끝에 아주 미약한 그림자 하나만 그렸을 뿐이다. 이는 17세기 스페인의 궁정화가 벨라스케스의 〈광대 파블로 데 바야돌리드〉[1] 로부터 받은 영향이라고 볼 수 있다. 덕분에 마치 평평한 화면 위에 종이 인형을 오려다 붙인 것처럼 보인다.

'소년이 피리를 분다'는 사실 외에는 그 어떤 이야기도 하지 않는 이 그림은 '주제가 없다'는 비난도 받아야 했다. 하지만 그를 옹호한 에밀 졸라는 마네의 그림이 독창적인 것은 '선명하고 과감한 색채'를 도입했기 때문이라고 주장했다. 마네의 그림은 현대의 많은 추상화가 그렇듯 이야기가 사라진, 특별한 주제가 없는, 그리하여 온통 색과 선과 면의 조화만 감상해야 하는 회화의 시작으로 볼 수 있다.

에두아르 마네

올랭피아

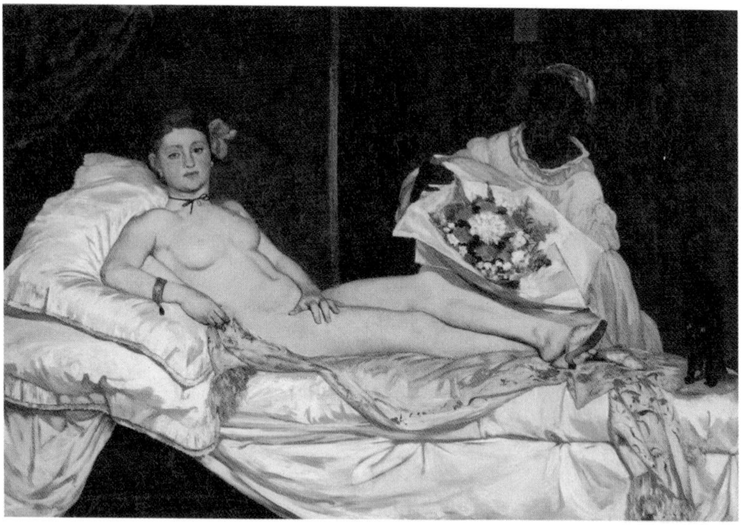

캔버스에 유채
130.5×190㎝
1863년

운 좋게도 이 그림은 낙선율을 낮추기로 한 살롱전의 방침에 힘입어 가까스로 입선이 되었지만, 분노한 시민들이 작품을 훼손하려 덤벼들자 막대기로도 닿을 수 없는 높은 곳으로 자리를 옮겨야 했다. 무엇보다 시민들의 공분을 산 것은 이 그림이 한 창녀의 '나른한 업무 시간'을 묘사했다는 데 있었다. '올랭피아'는 파리의 고급 창부 사이에 인기 있는 예명으로, 1848년에 발표된 알렉상드르 뒤마의 소설 《춘희》에 등장하는 '올랭프Olympe'를 연상시켰다.

그림의 모델은 〈풀밭 위의 점심식사〉의 모델이기도 했던 빅토린 뫼랑Victorine Meurent이다. 지극히 현실적인 몸매로 침대에 비스듬히 누워 예의 그 빤빤하고 노골적인 시선을 던지고 있는 올랭피아는 카바넬이나 부그로의 그녀들처럼(32, 34쪽 그림 참조) 수줍은 관람객을 배려할 생각이 전혀 없다.

한 손으로 자신의 음부를 가려 오히려 더 끈적한 시선을 유도하는 자세는 서양 미술사에서 자주 볼 수 있는 누드의 전형이다. 마네는 이탈리아 여행 중 피렌체의 우피치 미술관에서 본 티치아노의 〈우르비노의 비너스〉[2]를 참조했다.

꽃다발을 든 흑인 하녀는 손님이 왔음을 의미한다. 화면 오른쪽 끝에는 어두운 배경에 묻혀 눈을 번쩍이는 고양이 한 마리가 꼬리를 치켜세운 채 서 있다. '암고양이'는 당시 프랑스에서 성기나 매춘 등을 암시하는 은어였다. 나폴레옹 3세 시절 인구 170만의 파리에는 공식적으로 5,000명, 실제로는 어림잡아 약 12만 명의 매춘부가 있었다고 한다. 점잔과 위선을 구분하지 못한 파리 시민들은 공적인 장소에서 저토록 노골적인 장면을 보면서 '정든 유곽'의 기억을 떨쳐내느라 진땀을 흘려야 했다.

에두아르 마네

에밀 졸라의 초상화

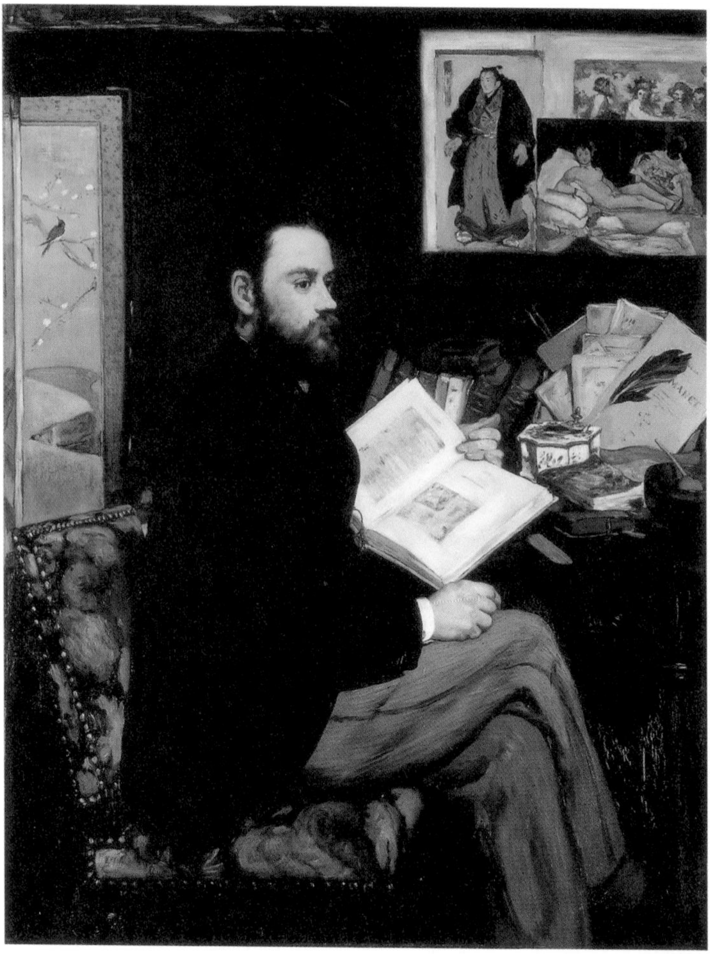

캔버스에 유채
146.5×114㎝
1868년

마네는 낙선전과 살롱전에서 혹평을 받으며 수많은 적을 두었지만, 그럴수록 반아카데미적 회화 세계를 추구하던 젊은 화가들은 맹목적일 만큼 그를 추종했다. 프랑스의 대문호이자 미술비평가이기도 한 에밀 졸라Émile Zola는 살롱전을 두고 "오늘날 살롱은 화가들의 작품이 아니다. 그것은 심사위원들의 작품이다."라고 말할 만큼 보수적이고 진부한 아카데미와 살롱전을 신랄하게 비판하곤 했다. 그는 마네의 새롭고도 저돌적인 회화 세계를 "회화의 새로운 양식"이라고 인정하는, 가장 든든한 지지자가 되었다.

그림 속에서 사색에 잠긴 듯한 에밀 졸라는 갖가지 책과 필기도구가 가득한 책상 앞에 앉아 있다. 깃펜 뒤로 얼핏 'MANET' 라는 글자가 보이는데, 아마도 마네의 그림을 소개하는 팸플릿에 그가 글을 써준 것을 기념하기 위해서인 것 같다. 벽에는 마네가 그린 〈올랭피아〉와 일본의 우키요에 그림이 한 점 붙어 있다. 그 뒤로 벨라스케스의 그림도 판화 작품으로 인쇄된 채 걸려 있다. 마네의 미술이 바로 이 우키요에와 평소 깊은 관심과 애정을 가지고 있던 스페인 미술로부터 영향을 받았음을 나타낸다.

에밀 졸라는 문학에서 혁혁한 공로를 인정받아 프랑스 최고의 영예라 할 수 있는 레지옹 도뇌르 훈장까지 받았다. 그러나 유대인 드레퓌스를 독일 스파이로 몰고 간 '드레퓌스 사건'에 대해 그의 무죄를 주장하는 글 〈나는 고발한다〉를 발표하여 훈장을 박탈당하고 영국으로 망명하기도 했다.

에두아르 마네

발코니

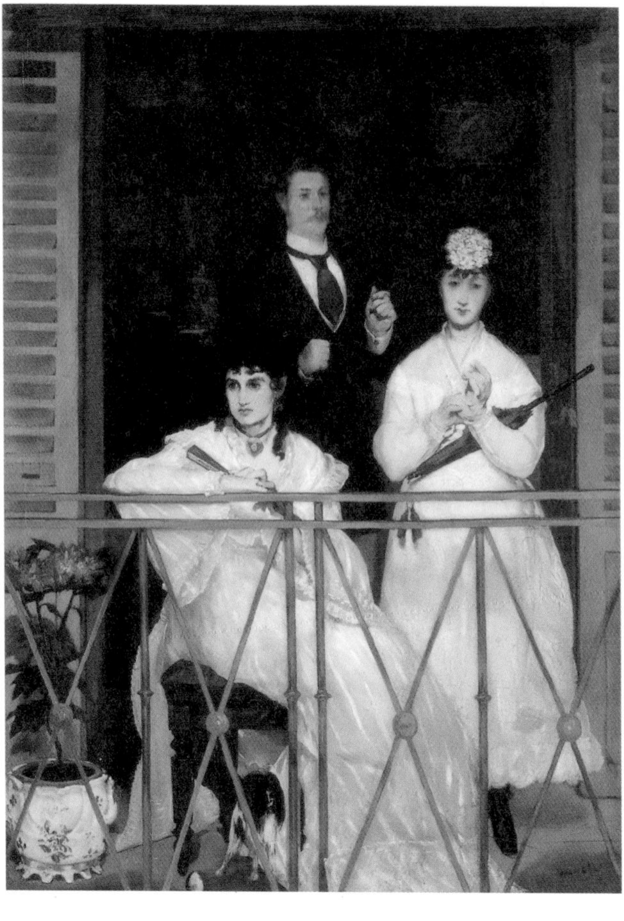

캔버스에 유채
170×124.5㎝
1868~1869년

마네는 자신과 형제들의 피아노 선생님인 쉬잔 린호프 Suzanne Leenhoff와 결혼했다. 마네와 결혼하기 전 그녀에게는 이미 아들이 하나 있었는데, 사람들에게 늘 늦둥이 동생이라고만 소개했다. 호사가들은 그 아이의 아버지가 다름 아닌 마네일 것이라고, 혼전 관계로 피아노 선생을 임신시킨 것을 아버지에게 밝힐 수 없어 거짓말을 했을 것이라고 추측했다. 그러나 마네는 아버지가 죽고 그녀와 결혼한 뒤에도 아이를 자식으로 입적시키지 않았다. 아이의 아버지가 마네의 아버지라고 주장하는 이들도 있지만 어느 것 하나 확실하지 않다. 이 부부 사이에 아이는 없었다. 아마도 매독으로 인해 이미 마네가 불임 상태였기 때문일 것이다.

이런 마네에게 흉흉한 소문을 또 하나 안겨준 여인이 있다. 〈발코니〉 속 왼쪽 의자에 앉아 멍하니 밖을 바라보는 여자, 베르트 모리조[3]이다. 19세기 여성으로서는 드물게 살롱전에 입선하여 유명세를 떨치던 모리조는 루브르 박물관에서 마네와 첫 만남을 가진 뒤 공적으로나 사적으로나 만남을 이어왔다. 훗날 그녀는 혼기를 훌쩍 넘긴 나이에 마네의 남동생과 결혼했는데, 가족이 된 마네와 그녀 사이에 패륜적인 사랑이 유지되었다는 소문이 돌았다.

어둠에 묻힌 검은색과 햇살을 받는 하얀색의 묘한 대비가 일품인 이 그림은 거친 붓질이 인상적이다. 특히 그림 속 세 인물의 심리가 잘 느껴지지 않기 때문인지 마치 세 점의 정물을 그린 것처럼 보인다. 스페인 미술에 크게 이끌렸던 마네는 고야의 〈발코니의 마하들〉[4]을 참고해 이 작품을 완성했다.

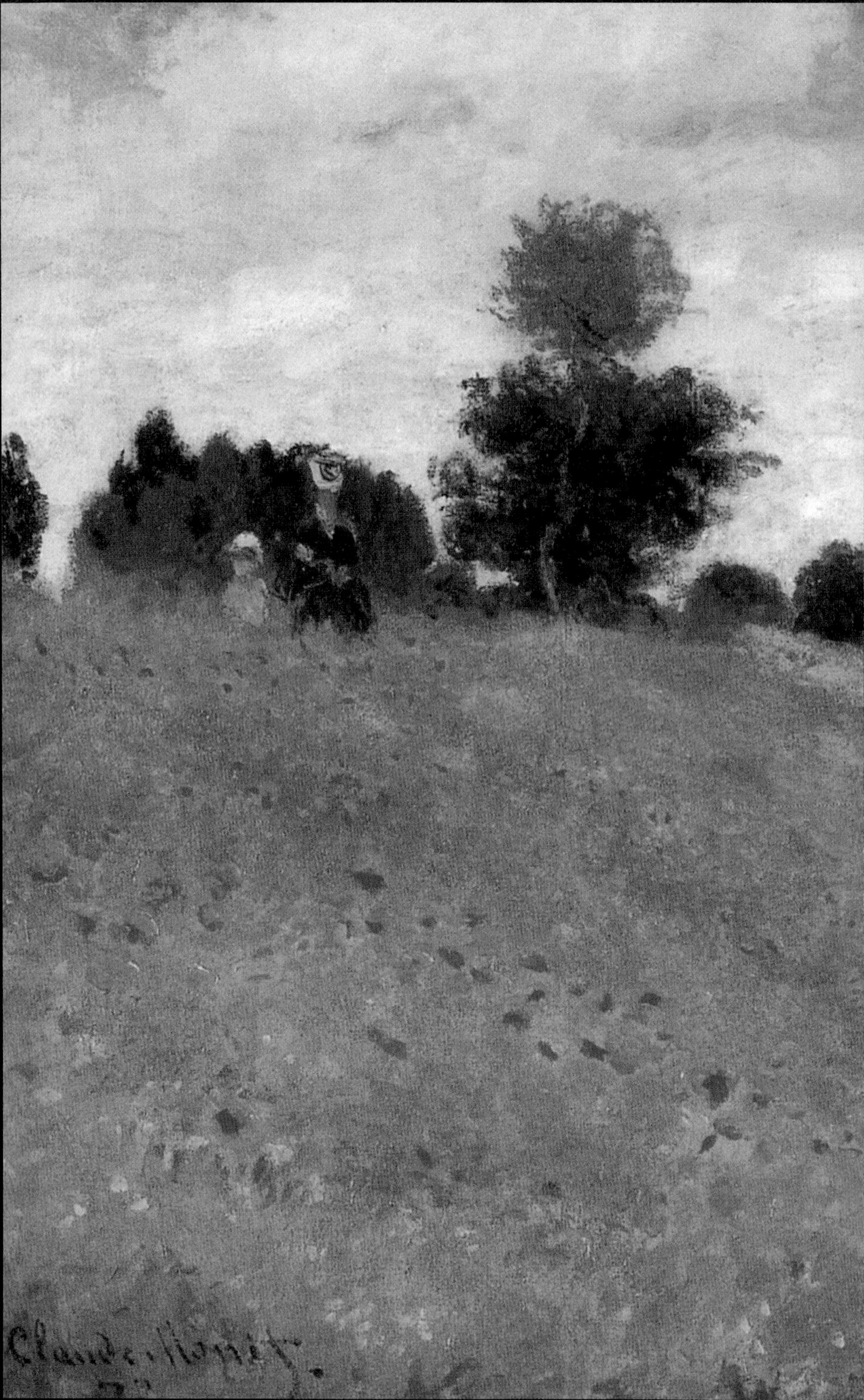

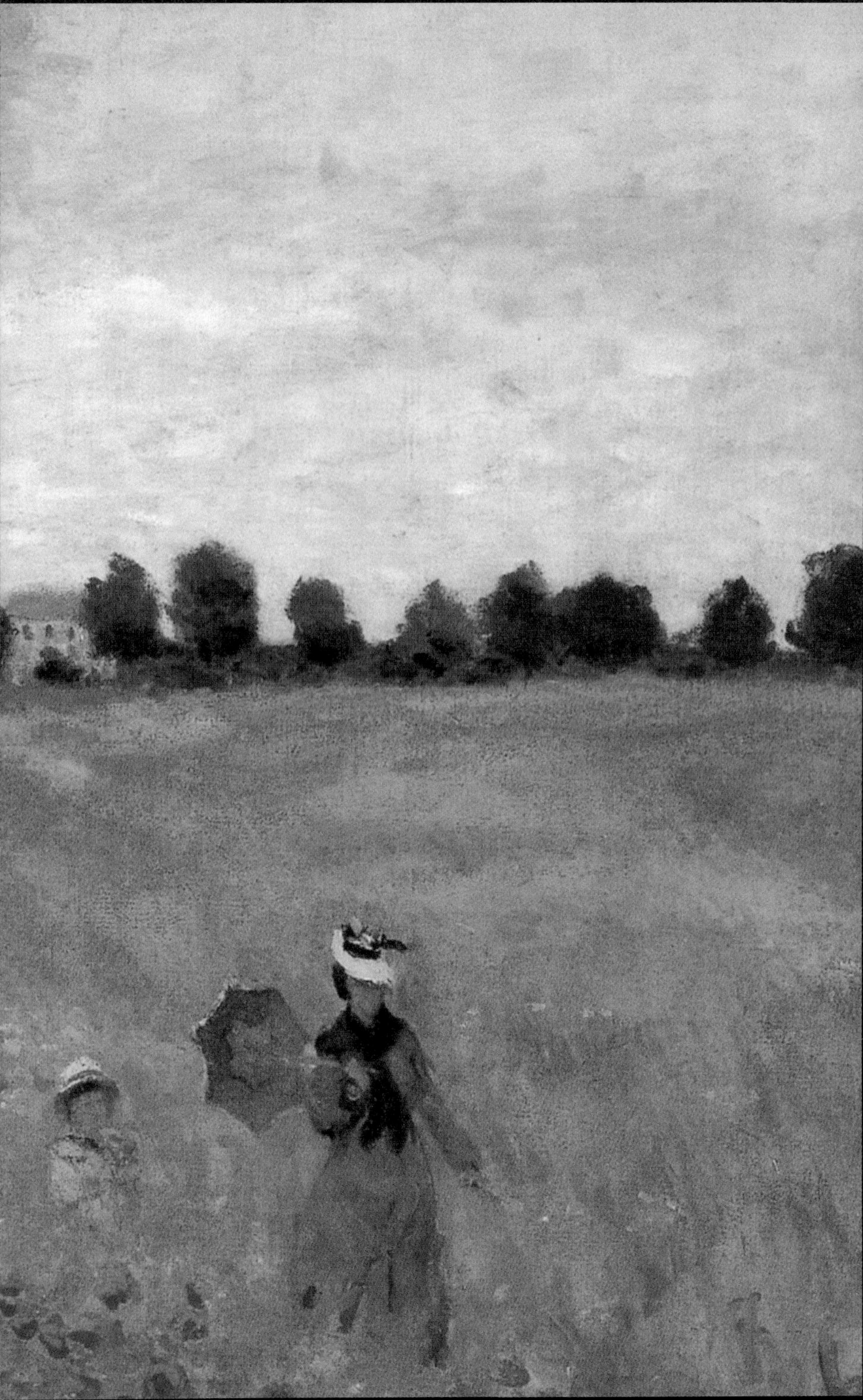

제임스 애벗 맥닐 휘슬러

회색과 검은색의 배열(화가 어머니의 초상화)

캔버스에 유채
144.3×162.5㎝
1871년

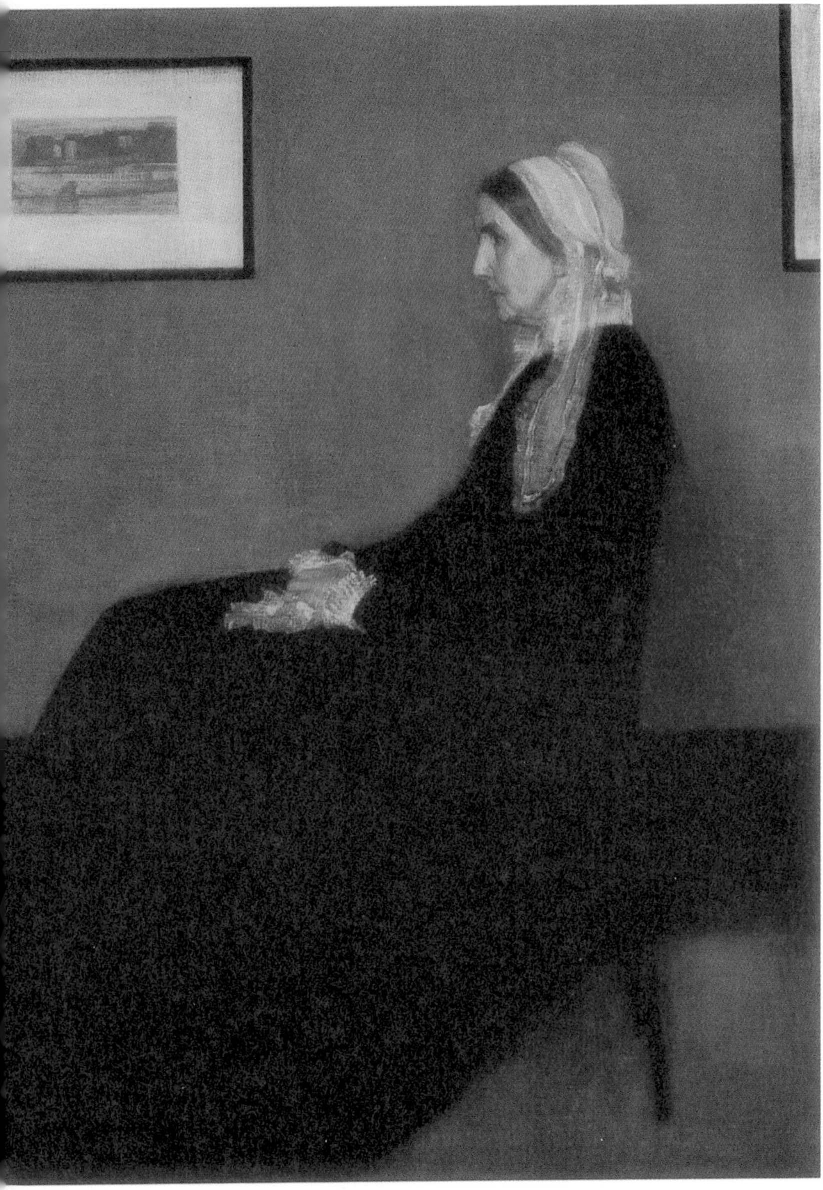

제임스 애벗 맥닐 휘슬러

보라색의 변주

캔버스에 유채
61×35.5cm
1871년

미국 출신으로 런던과 파리에서 주로 활동하던 휘슬러 James Abbott McNeill Whistler, 1834~1903가 자신의 어머니를 그린 초상화로 알려진 〈회색과 검은색의 배열(화가 어머니의 초상화)〉은, 화가 자신의 말에 의하면 '회색과 검은색의 배열에 대한 화가의 단순한 연구'일 뿐이다. 그는 늘 "외부 세계와 관련된 어떤 요소도 배제하는" 그림을 그린다고 주장했다. 따라서 그림 속의 인물은 '어머니'라는 존재이기보다는 짙은 검은색에 흰색과 피부색을 가진 하나의 '사물'로, 그것이 회색 배경 앞에서 어떤 분위기와 느낌을 주는지 보여주고 있을 뿐이다.

휘슬러는 한때 평론가 존 러스킨과 대립하며 유명세를 떨쳤다. 자신이 그린 〈검은색과 금색의 야상곡〉[5]에 200기니라는 높은 그림값을 매긴 것을 보고 존 러스킨이 "공중에 물감 통을 끼얹은, 성실하지 못한 그림에 어떻게 그런 가격을" 매겼느냐고 비난한 것이다. 이에 휘슬러는 그를 고소해 지루한 공방전을 벌였다. 법정은 휘슬러의 손을 들어주었지만, 피해보상액은 동전 한 잎 정도에 불과했다.

조애너 히퍼넌이라는 자신의 모델 겸 애인을 두고 쿠르베와 충돌한 소문 이외에도 이런저런 기행과 소문을 달고 살던 그는 자신이 원하던 삶, 말 그대로 19세기의 전형적인 '보헤미안 미술가' 역할을 톡톡히 해냈다. 하얀색에 집착하던 그는 흰색 물감에 특히 많이 들어가는 납 성분에 중독되어 사망했다고 전해지는데, 항간에는 매독 때문이었을 것이라는 소문도 있다. 오르세 미술관에서는 우키요에의 영향을 받아 그린 〈보라색의 변주〉도 감상할 수 있다. 이 작품 역시 색채의 미묘한 변화에 집착한 화가의 의도를 엿볼 수 있다.

인상주의

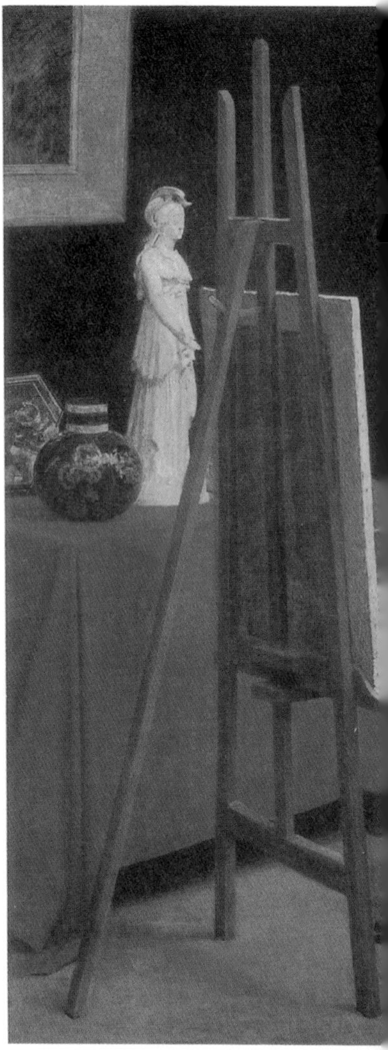

앙리 팡탱 라투르 〈바티뇰의 화실〉
캔버스에 유채, 204×273.5cm, 1870년, 오르세 미술관, 파리

〈바티뇰의 화실〉은 마네로부터 깊은 영향을 받은 앙리 팡탱 라투르가 바티뇰에 있던 마네의 화실에 모여든 당대 지식인들의 모습을 단체 초상화 형식으로 담아낸 작품이다. 그림 속에서 붓과 팔레트를 든 채로 관람자를 응시하는 사람이 바로 마네이다. 화면 뒤쪽 액자를 가리고 서 있는 사람은 르누아르이고, 바로 옆에 수염을 기른 훤칠한 남자는 에밀 졸라, 키가 큰 남자는 화가 바지유이다. 바지유 뒤 화면 가장 오른쪽 귀퉁이에 모네의 모습도 보인다.

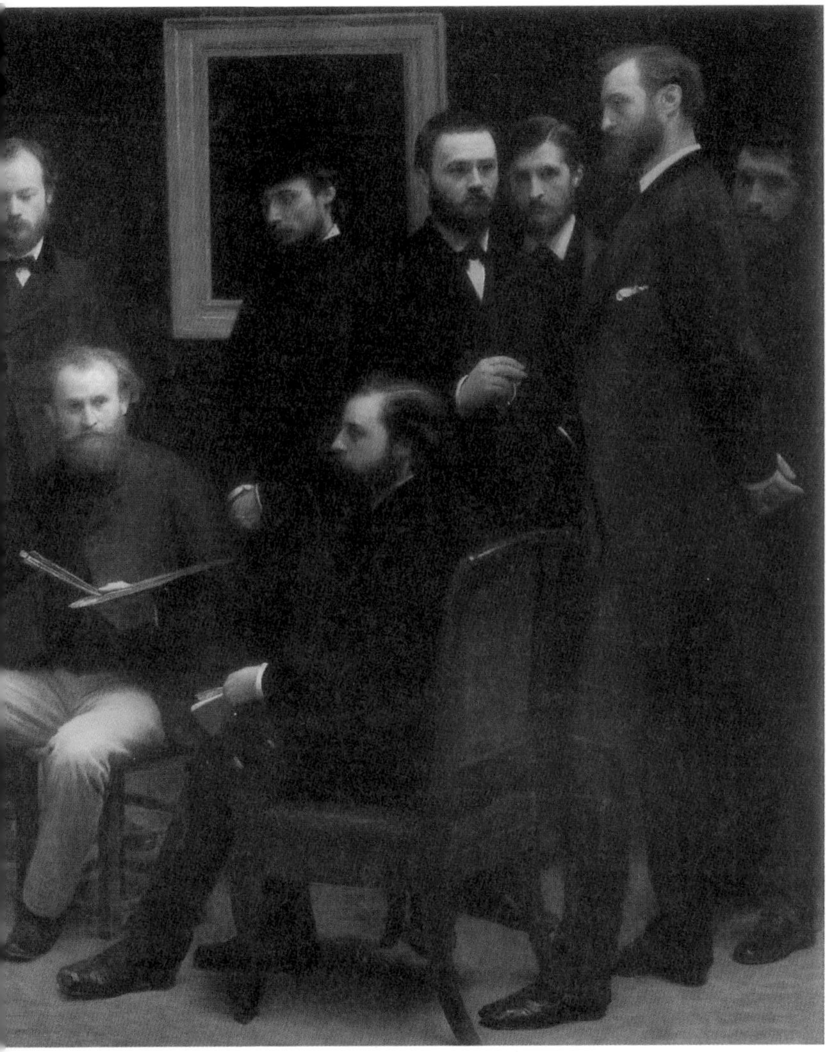

인상주의는 살롱전에 대한 저항으로 1874년에 '화가, 조각가, 판화가, 무명예술가 협회전'을 처음 연 이래 1886년까지 총 8회의 전시를 이어나간 미술가들의 주된 특징을 일컫는다. 처음에는 그저 독단적인 아카데미와 살롱전을 거부하는 새롭고 신선한, 그러나 제대로 대중에게 이해받지 못하는 자신들의 미술 세계를 마음껏 펼치고자 독립적으로 전시회를 열었다. 이들은 첫 번째 전시를 관람한 루이 르루아라는 기자가 잡지 〈르 샤리바리Le Charivari〉에 기고한 조롱조의 글 덕분에 '인상파'라는 이름으로 불렸다.

루이 르루아는 우선 카미유 피사로가 출품한 〈하얀 서리〉(106쪽)가 지저분한 캔버스 위에 팔레트 부스러기를 뿌려 놓은 것처럼 보인다고 조롱했다. 모네의 출품작 〈인상: 해돋이〉[6]를 두고는 벽지 밑그림도 이보다는 마무리가 잘 되었을 것이라는 말과 함께, '인상'이 있긴 하다며 비아냥거렸다. 이후로 이 전시회에 참가한 화가들의 그림 경향을 통칭해서 '인상주의'라고 부르고, 그들을 '인상파 화가' 혹은 '인상주의 화가'라고 불렀다.

첫 전시회를 도모했던 그들은 이미 1860년대부터 낙선전의 소동으로 유명세를 탄 마네를 중심으로, 그의 화랑이 있던 그랑 바티뇰 거리(현재의 클리시 거리)의 게르부아 카페에 모여 자신들이 생각하는 예술에 대해 열정적인 토론을 벌이며 친분을 쌓아오던 터였다. 마네에 대한 절대적인 존경심을 결코 감추지 않던 그들은 '마네의 패거리'라거나 '바티뇰 그룹' 등으로 불렸다.

인상주의의 뿌리는 쿠르베나 마네 등이 시작한 '사실주의'라고 할 수 있다. 쿠르베가 '과거' 속에서 허우적대는 영웅과 신화 속 여신 대신 동시대인의 모습을 담으면서 "내게 천사를 보여다오, 그러면 천사를 그리겠다."라고 외친 것은 그림 속 주인공이 이젠 가진 것 없고 내세울 것 없는 바로 내 곁의, 즉 동시대의 소시민일 수도 있다는 지극히 '현실적인' 자각에 다름 아니다. 마네의 사실주의도 쿠르베와 맥락을 같이하지만, 그는 한 발 더 나아가 '시선'의 사실주의를 펼쳤다. '이상화'라는 명목 아래 잔뜩 성형된 인간 군상을 붓자국의 작은 흔적조차 남기지 않고 눈속임하여 그렸던 아카데미적 화풍에 도전한 쿠르베와 마네의 그림 세계는 인상주의 화가들에게 커다란 영향을 미쳤다.

더불어 '있는 그대로의 자연'을 가감하지 않고 그려내는 바르비종파 화가들의 자연주의적 시각은 인상주의 화가들로 하여금 화구통을 챙기고 직접 자연 속으로 뛰쳐나가게 했다. 자연 속에 실재하는 빛의 움직임은 빠르고 거친 그들의 붓질 속에서 갖가지 현란한 색으로 바뀌며 캔버스를 물들이기 시작했다.

넓은 의미에서 인상주의는 당대의 '진보적인 미술' 전체를 대변하는 것으로, 화가 개인마다 추구하는 바가 다를 수밖에 없다. 보수가 '획일'을 강요하는 데 비해 '진보'는 다양성을 기본으로 삼고 있다는 점에서 인상주의 화가들의 독특한 개성은 당연하다고 할 수 있다.

베르트 모리조

요람

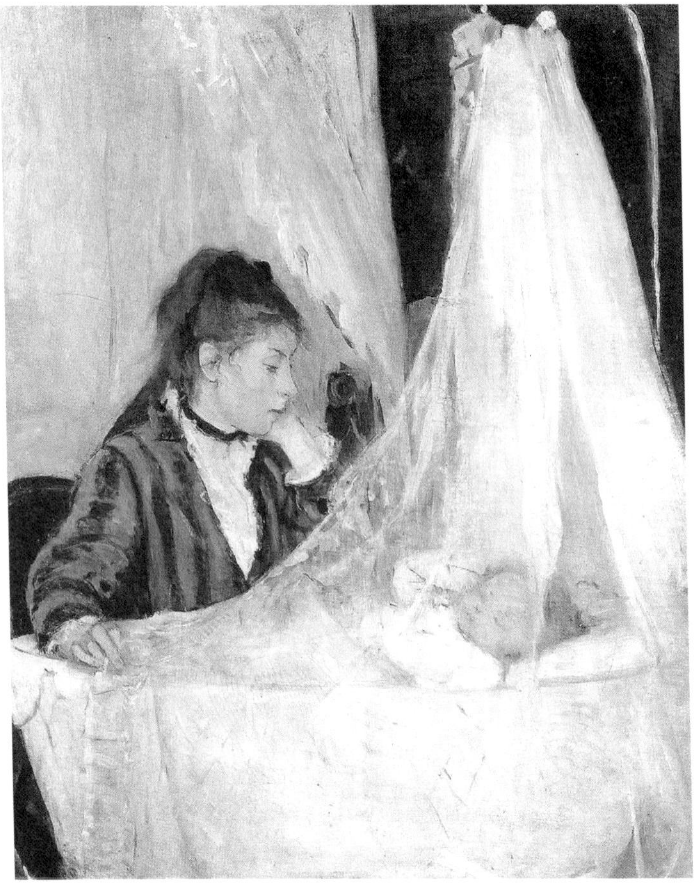

캔버스에 유채
56×46㎝
1872년

여성이 직업을 가지는 것도, 특히 그림을 업으로 삼는 것도, 무엇보다 미술교육기관에 입학하는 것도 모두 어렵고 특별한 일이었던 시절, 베르트 모리조Berthe Morisot, 1841~1895는 살롱전에 다수 입선했으며 이후 인상파 전시회에 지속적으로 작품을 내놓았다. 여성미술가에 대한 연구가 당연히 도외시되었기에 1970년대에 페미니즘 미술사가들이 활발하게 활동하면서 겨우 이름자가 알려지기 시작했다.

부유한 집안 출신인 모리조는 언니와 함께 취미와 교양을 목적으로 그림을 시작했다가 곧 코로의 지도를 받았다. 루브르 미술관을 자주 찾아 전시된 그림을 모사하며 실력을 연마하던 그녀는 그곳에서 마네를 만나 진보적인 화가들의 모임에 합류한다. 유화를 수채화나 파스텔화처럼 그려내는 독특한 기법을 선보였던 그녀에게 평소 여성혐오증이 있는 게 아닐까 의심받을 정도였던 드가조차도 공공연하게 존경심을 표했다.

〈요람〉의 주인공은 베르트 모리조와 함께 미술 공부를 하다 결혼과 함께 포기했던 언니이다. 그녀는 요람 안에 누워 있는 자신의 딸 블랑슈를 물끄러미 바라보고 있다. 과감하고 도발적인 붓질로 그려낸 커튼에서 바스락거리는 소리가 나는 듯하다. 인물 간의 강한 유대가 침묵 속에서 은근히 전해지는 동안, 특유의 따사롭고 밝은 색채가 화면을 가득 채운다. 어두운 색으로 일관하던 마네는 베르트 모리조의 조언을 받아 밝고 화사한 색채의 사용을 시도하기도 했다.

클로드 모네

개양귀비

피에르 오귀스트 르누아르

풀밭 길숙한 곳의 길

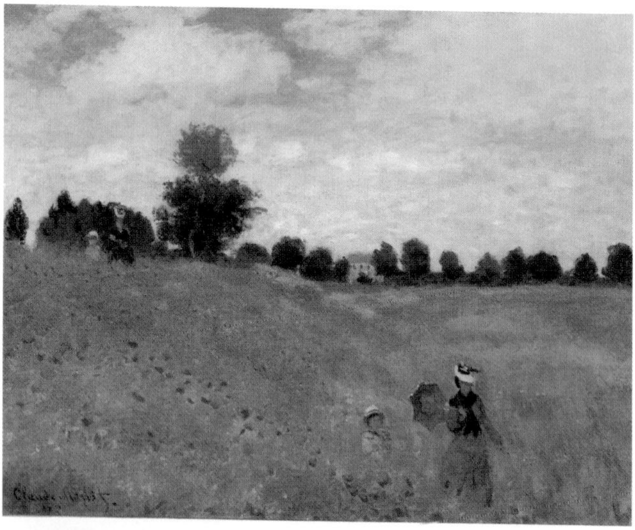

캔버스에 유채
60×65㎝
1873년

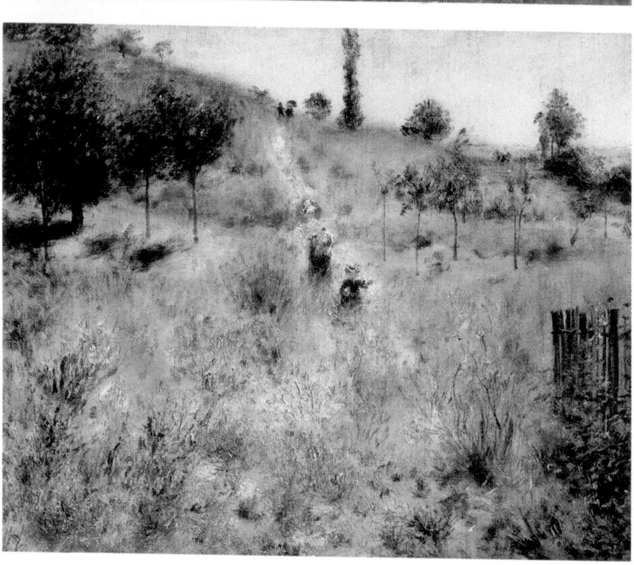

캔버스에 유채
60×74㎝
1875년경

자연으로 나가 직접 그 현장 속에서 그리는 그림과 실내로 돌아와 인공조명 아래서 광경을 이성적으로 조작하여 그리는 그림은 다를 수밖에 없다. 이처럼 '직접 밖으로 나가' 그 빛을 관찰하여 작업하는 풍경화가를 '외광파外光派'라고 부른다. 외광파의 원조 격인 바르비종파 화가들은 휴대용 튜브 물감이 아직 보급되기 전이었기 때문에 결국은 스케치와 기억에 의존하는 그림을 그렸지만, 가능하면 실제의 풍광을 가감 없이 화폭에 담으려 했다는 점에서 인상파 화가들에게 큰 영향을 미쳤다.

모네Claude Monet, 1840~1926와 피사로, 시슬레 등은 인상파 화가 중에서 풍경화를 가장 선호한 이들로, 너른 대자연에 떨어진 빛을 한순간 잡아내어 그 인상을 색으로 전한 가장 충실한 외광파 화가였다.

〈개양귀비〉는 1874년 제1회 인상파 전시회에 출품되었다. 적당한 거리를 두고 볼 때와 달리 그림 가까이에 바싹 다가가 관찰하면 다른 세계가 펼쳐진다. 인물을 포함한 화면 속 모든 것의 세부적인 묘사는 생략되었고, 팔레트의 물감을 붓에 바른 뒤 그대로 캔버스에 찍어놓은 듯한 느낌이다. 아무리 사소한 것이라도 붓 자국이 거의 느껴지지 않을 정도로 정교하고 세밀하게 그리는 것을 당연하게 여기던 전통적인 회화와 이 그림은 이미 엄청난 차이를 두고 있다. 르누아르Pierre-Auguste Renoir, 1841~1919의 〈풀밭 깊숙한 곳의 길〉도 이와 유사한 기법으로 그려졌다.

클로드 모네

생라자르 역

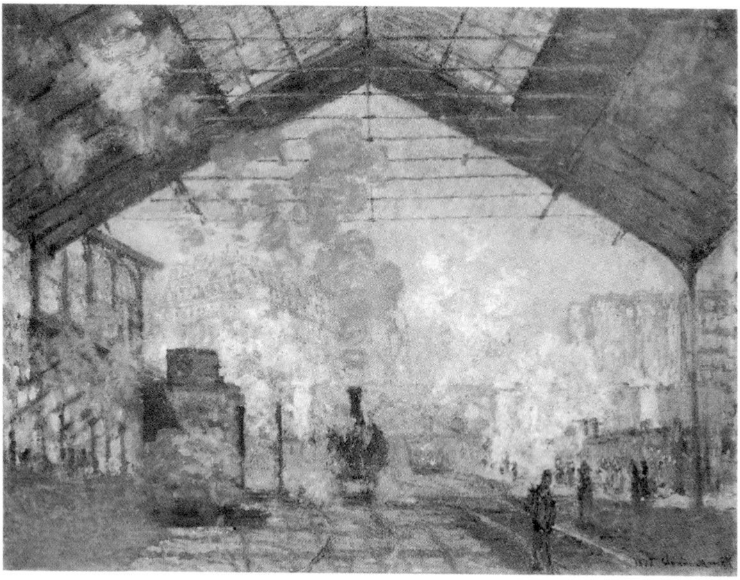

캔버스에 유채
75.5×104㎝
1877년

시골과 도시를, 나아가 나라와 나라를 이어주는 신비롭기까지 한 철도의 등장에 사람들은 몹시 열광했다. 당대의 일상을 그리던 화가들 역시 붓의 힘을 빌려 새로운 세상을 열어준 기차와 역사驛舍를 탐색하기 시작했다.

클로드 모네는 자주 드나들던 생라자르 역을 주제로 무려 12점의 작품을 그렸다. 일화에 의하면 그는 인파 속에 이젤을 세우고 그림을 그렸으며, 선로 책임자를 설득하여 자신이 원하는 방향으로 증기를 내뿜게 했고, 때로는 임시로 기차를 멈추게까지 했다고 한다. 그의 '생라자르 역' 연작을 기차역과 기차를 통한 근대화와 산업화에 대한 찬미로 보기는 어렵다. 그렇다고 해서 매연이나 사고 등 기타 여러 부작용을 동반하는 위협적인 존재에 대한 고발도 아니다. 모네뿐 아니라 인상파 화가들은 대체로 사회의 문제점을 고발하거나 찬양하는 것보다는 보이는 그대로의 세계, 그 순간을 빛으로 이해하고 색으로 잡아내는 일에 더 몰두했다.

기차에서 내뿜는 증기가 하늘로 솟구치면서 보라, 노랑 그리고 붉은색을 지나 하늘색으로 점차 변한다. 기차역 뒤쪽으로 당시 재정비되던 파리 시가지의 모습이 어렴풋하게 잡힌다. 선로 가에 선 여행객의 모습도 흐릿하게 보인다. 세세한 디테일은 사라졌지만, 과거와 완전히 달라진 파리의 근대적 인상이 날렵한 붓끝의 화려한 색으로 한순간 잡혀 있다. '생라자르 역' 연작은 1870년 프로이센-프랑스 전쟁이 일어나자 징집을 피하기 위해 영국으로 건너가 머무는 동안 모네가 즐겨 보았던 영국 화가 윌리엄 터너의 작품[7]으로부터 많은 영향을 받은 것으로 보인다.

피에르 오귀스트 르누아르

모네의 초상화

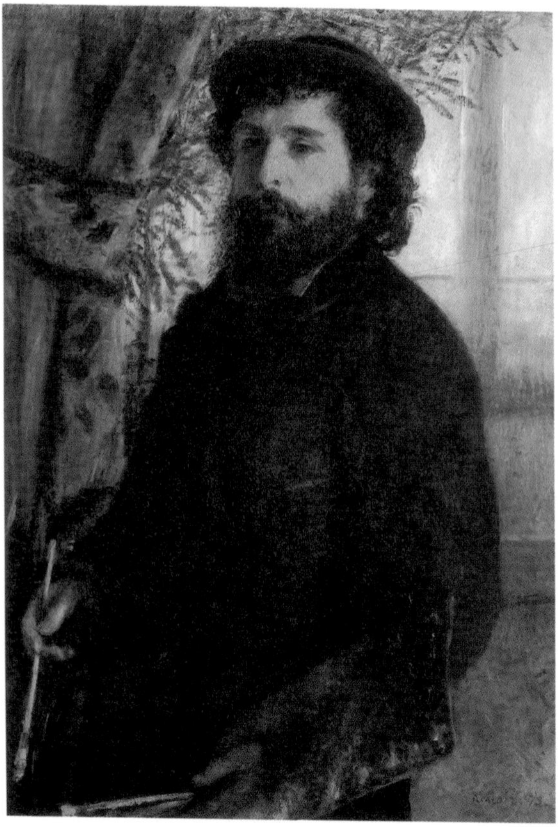

캔버스에 유채
85×60.5㎝
1875년

클로드 모네

임종하는 카미유

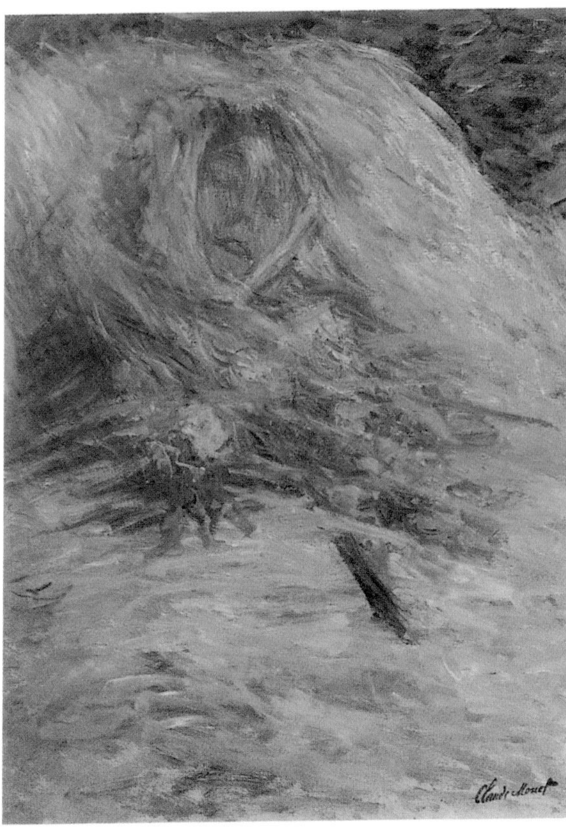

캔버스에 유채
90×68cm
1879년

클로드 모네

1878년 6월 30일, 축제가 열린 몽토르게이 거리

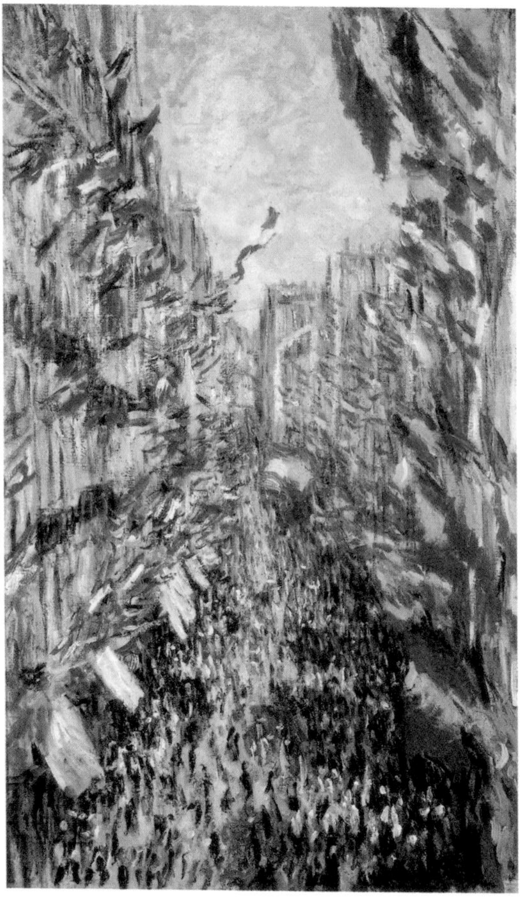

캔버스에 유채
81×50.5㎝
1878년

〈1878년 6월 30일, 축제가 열린 몽토르게이 거리〉는 모네가 1878년 파리 만국박람회 폐막을 위한 거리 축제의 모습을 그린 것으로, 사진기를 들고 높은 곳에서 아래를 내려다보며 촬영한 듯한 시점을 사용했다. 독특한 시점도 그렇지만 흩날리는 깃발과 거리에 몰려나온 흥분한 군중의 모습이 그저 색덩어리로만 이루어져 있다는 점이 더욱 파격적이다. 거칠고 빠르며 활달한 붓질로 순간의 인상을 기록해 물감의 양과 질이 그대로 느껴지는 이런 그림은 가까이 다가가 볼수록 '회화란 그저 평면 위의 물감 덩어리일 뿐'이라는, 지극히 당연한 사실을 극명하게 드러낸다.

상황과 시간에 따라 달라지는 빛을 색으로 잡으려는 모네의 노력은 그의 아내가 임종하는 순간에도 멈추지 않았다. 1879년 9월 두 아들만 남긴 채 겨우 서른둘의 나이로 침상에서 숨을 거두는 아내 카미유를 지켜보던 모네는 순간 아내의 얼굴에 나타나는 빛과 색의 경이로움에 빠졌고 이를 빠른 붓질로 그려냈다. 훗날 모네는 이 그림에 대해 "아내의 안색은 점점 청색에서 노란색으로 그리고 회색으로 변했다. …… 그녀를 그려보겠다고 결심도 하기 전에 이미 그 색채가 내게 감동을 불러일으킨 것이다."라고 회고했다.

카미유가 사망한 뒤 모네는 알리스 오슈데와 결혼한다. 그녀는 한때 모네를 후원하던 에른스트 오슈데의 아내로, 백화점을 소유했던 남편이 파산한 후 아이들을 데리고 모네 부부와 함께 생활하고 있었다. 모네가 그림으로 인정받고 경제적인 궁핍으로부터 벗어난 것은 알리스와 결혼한 뒤부터였다. 곤궁한 삶을 버티던 카미유는 조강지처의 의무만 다한 채 자의든 타의든 마지막 순간까지도 남편의 걸작을 위한 모델 노릇을 해주고 떠난 셈이다.

클로드 모네

'루앙 대성당' 연작

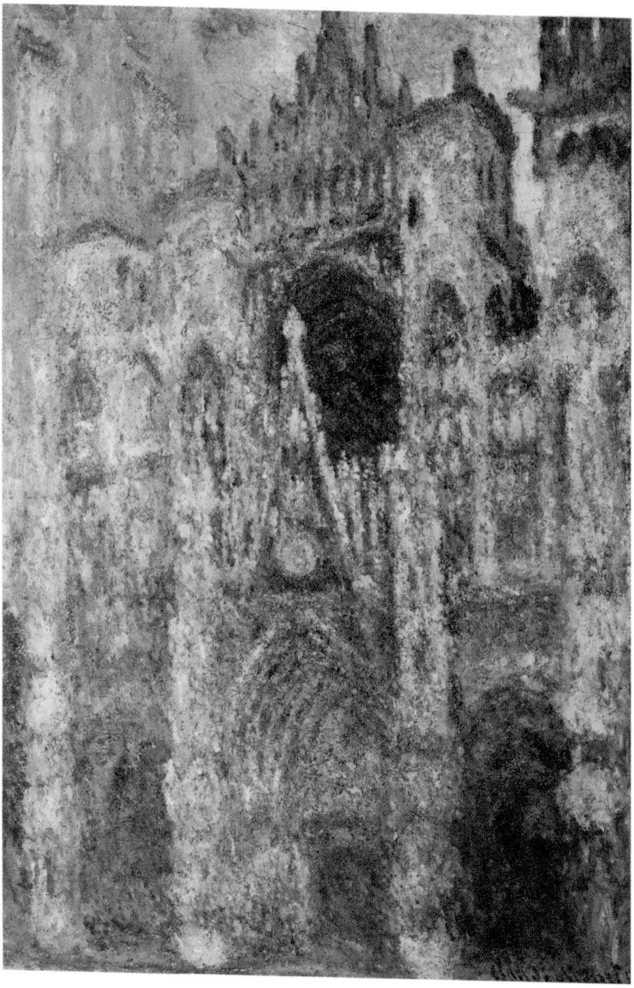

정면에서 바라본 성당의 정문, 갈색의 조화

캔버스에 유채

107×73cm

1892년

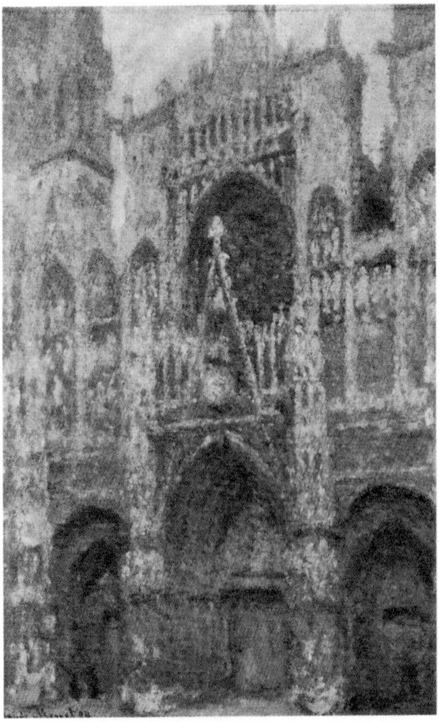

성당의 정문, 아침 햇살,
파랑의 조화
캔버스에 유채
91×63cm
1893년

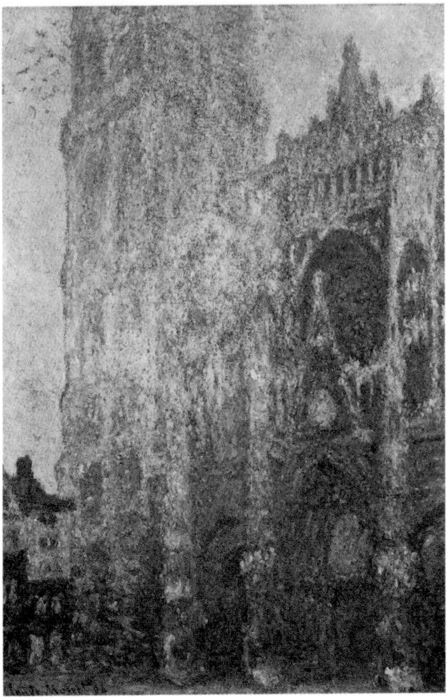

성당의 정문과 생로맹 탑,
햇빛 가득한 파랑과 금색의 조화
캔버스에 유채
107×73cm
1893년

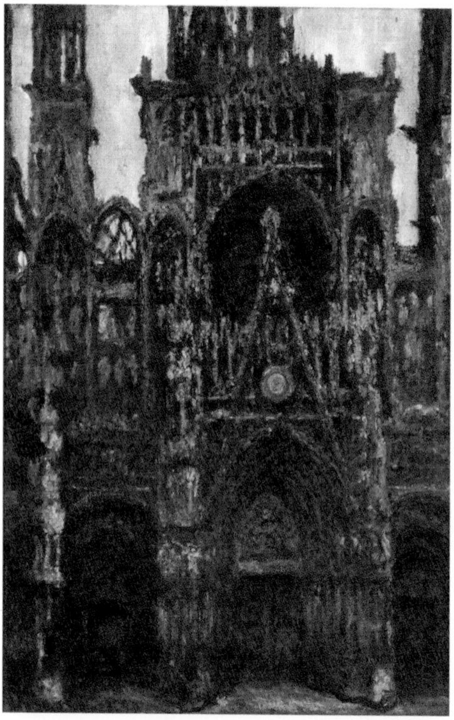

성당의 정문과 생로맹 탑, 아침, 흰색의 조화
캔버스에 유채
106×73cm
1893년

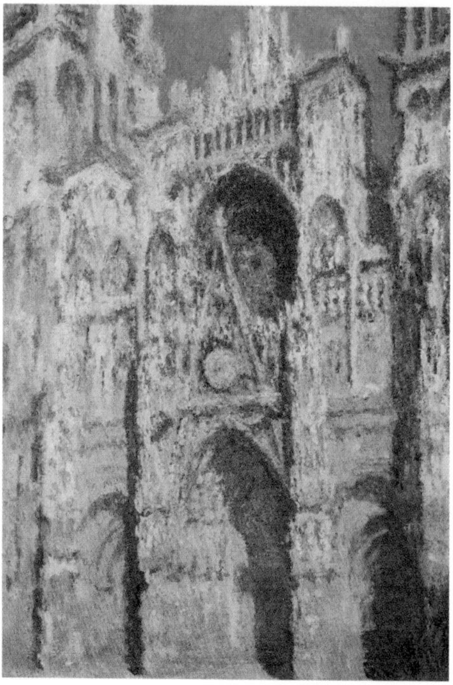

성당의 정문, 흐린 날씨, 회색의 조화
캔버스에 유채
100×65cm
1892년

모네가 미술사에 남긴 위대한 업적 중 하나는 일련의 '연작series'을 시도했다는 데 있다. 열 점 넘게 그린 '생라자르 역'을 비롯해 '건초더미', '포플러', '루앙 대성당', '수련' 등을 주제로 한 연작은 같은 대상을 비슷한 구도에 놓고 시간의 변화에 따라 다르게 그린 그림으로, 대기와 빛과 색의 변화를 민감하게 비교할 수 있다는 점에서 획기적이다.

'루앙 대성당' 연작은 비슷한 구도 속의 같은 대상을 그렸지만, 아침과 저녁 혹은 흐린 날과 맑은 날에 따라 달라지는 색과 오묘한 빛의 차이만 있을 뿐, 어느 것이 더 진정한 루앙 대성당의 모습이라고 확언할 수 없다. '루앙 대성당' 하면 떠오르는 모습은 사람마다 다를 수밖에 없다. 흐린 날의 성당을 떠올리는 이도 있고, 반대로 밝은 날의 성당을 떠올리는 이도 있다. 그중 어느 것이 루앙 대성당의 참모습이라고 말할 수 없는 것과 마찬가지다.

모네는 루앙 대성당을 제작하기 위해 성당 전면이 보이는 호텔에 방을 얻어 30분마다 캔버스를 바꿔가며 그림을 그렸다. 그가 그린 루앙 대성당 연작을 통해 우리는 시간의 흐름이 성당 석재의 색뿐 아니라 형태마저도 조금씩 달라 보이게 한다는 것을 알 수 있다.

클로드 모네

수련이 있는 연못

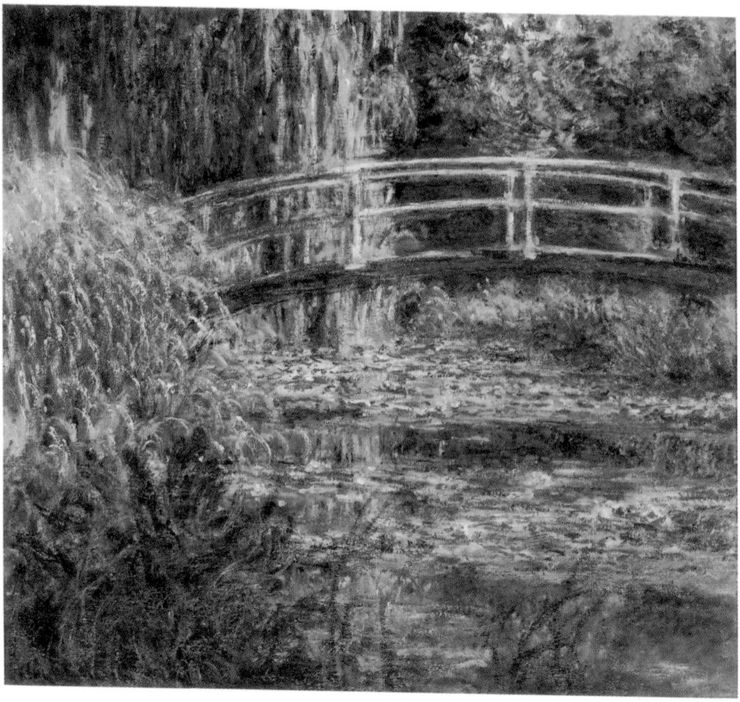

캔버스에 유채
89.5×100㎝
1900년

클로드 모네

푸른 수련

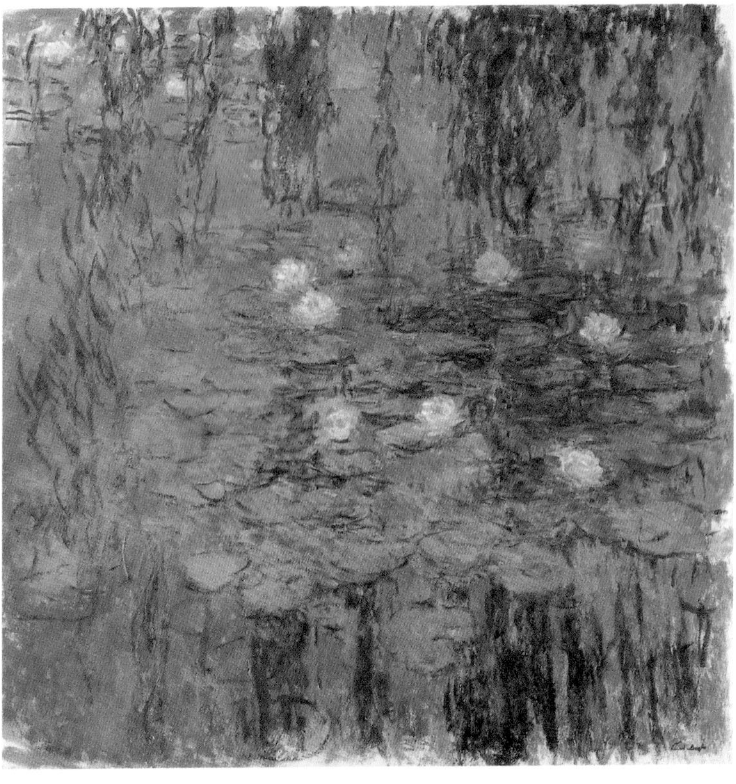

캔버스에 유채
200×200㎝
1916~1919년

클로드 모네

수양버들

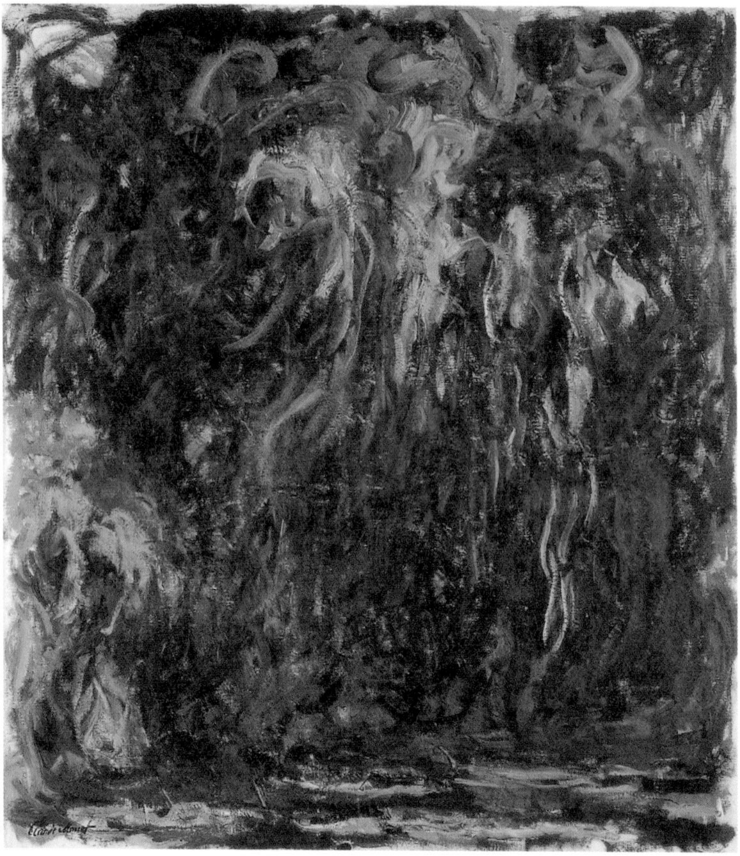

캔버스에 유채
110×100㎝
1920~1922년

초기에는 비난과 조롱의 대상이었던 인상파 전시회가 회를 거듭할수록 미술계뿐만 아니라 대중으로부터도 호감을 받으면서 모네의 삶도 경제적으로 윤택해졌다. 그는 가난 때문에 이사해 7여 년간 머물던 지베르니 인근에 땅을 구입해 집을 짓고 정원을 가꾸기 시작했다. 그의 정원은 자신의 거처를 아름답게 꾸미려는 소박한 의도에 더해, 자신이 그리고자 하는 대상을 스스로 일구겠다는 야심 때문에 생겼다고도 할 수 있다.

모네가 특히 집착했던 것은 연못 가득한 수련이었다. 그는 우키요에를 통해 알게 되어 자신의 정원에 설치했던 일본식 다리 아래로 펼쳐진 수련과 그것을 담고 있는 물 색깔의 변화를 유심히 관찰했고, 그것을 온전히 자신만의 시각으로 해석해 캔버스에 옮기곤 했다. 〈푸른 수련〉은 지평선이나 수평선이 없어 전통적인 풍경화와 다른 양상을 보인다.

〈수양버들〉은 말년의 모네가 백내장 때문에 시력을 거의 잃었을 무렵에 그린 그림이다. 평생을 색과 빛에 집착한 모네는 점점 더 거칠어진 붓질로 단호한 형태의 외곽을 무참하게 뭉갰고, 그럴수록 화면은 물감 덩어리로 얼룩졌다. 다양한 색의 얼룩은 이제 회화가 더 이상 '보이는 어떤 세계'를 그대로 베끼기 위해 존재하는 것이 아님을 천명한다. 그저 "나는 평면을 덮고 있는 물감일 뿐입니다."라고 말하는 듯, '물감으로서의 자신', 즉 '물감 그 자체의 물질성'을 드러낼 뿐이다. 이런 물질성은 1950년대 미국 추상표현주의 화가들이 경도해 마지않았던 새로운 미술의 한 특징이다. 모네의 감각은 그만큼 시대를 훌쩍 앞서 있었다고 볼 수 있다.

피에르 오귀스트 르누아르

물랭 드 라 갈레트의 무도회장

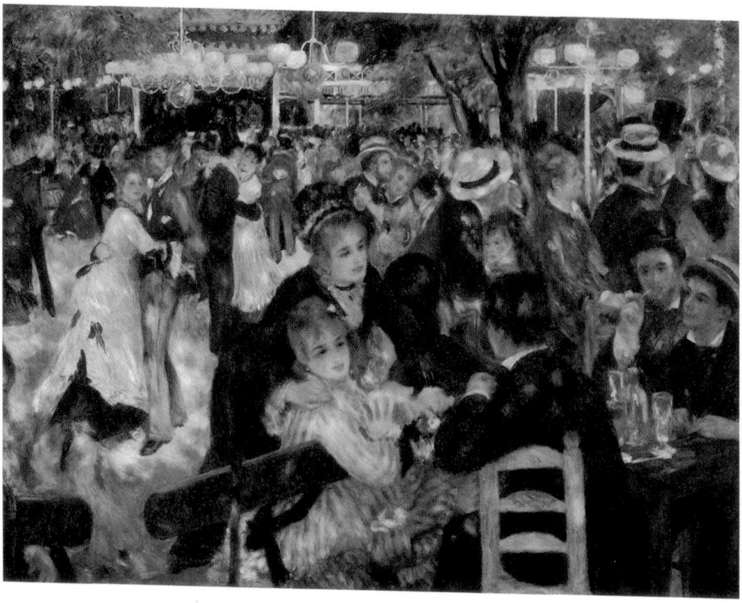

캔버스에 유채
131×175㎝
1876년

르누아르는 자신의 시선을 '보이는 대로의 자연 풍경'에서 넓혀 도심의 풍경, 그중에서도 적당히 낙천적이고 먹고살 만한 유한 계층 사람들이 벌이는 오락과 유흥의 장소로 향했다.

〈물랭 드 라 갈레트의 무도회장〉은 파리 시민들이 즐겨 찾던 몽마르트르의 야외 무도회장에서 한껏 흥에 겨운 남녀 군상을 인상주의자 특유의 활달한 붓질로 그려낸 작품이다. 르누아르는 인물의 얼굴, 모자 혹은 의상에 떨어지는 야외의 빛을 파랑이나 노랑, 하양 등으로 과감하게 얼룩처럼 표현했다. 그는 이 그림을 위해 몽마르트르에 작업실을 빌려 1년 반 가까이 매일 그곳을 드나들었다. 오랜 시간 공들여 작업한 수많은 스케치와 습작을 바탕으로 본 작업에 들어간 후에는 크기가 무려 세로 131센티미터, 가로 175센티미터인 대형 캔버스를 거의 매일 무도회장까지 들고 나와 작업했다고 한다.

선남선녀의 떠들썩한 목소리가 화려한 색과 경쾌한 붓질을 타고 들려오는 듯한 이 물랭 드 라 갈레트Le Moulin de la Galette가 원래는 피비린내 나는 학살을 부른 파리 코뮌의 본부였다는 점은 사뭇 비극적이기까지 하다. 파리 코뮌은 프로이센-프랑스 전쟁에서 패한 나폴레옹 3세가 책임을 안고 실각한 뒤에도 왕정복고를 꿈꾸자 이에 대항하여 1871년 수립된 사회주의적 반왕당파 연합이라 할 수 있다. 이들은 물랭 드 라 갈레트에 본부를 두고 두어 달 동안 정권을 장악했지만, 결국 정부군에 의해 일주일 만에 약 2만 명이 전사한 채 역사의 뒤안길로 사라졌다. 이 와중에 르누아르는 한때 첩자로 오인되어 코뮌에 의해 총살 직전까지 간 경험이 있다.

피에르 오귀스트 르누아르

도시의 무도회

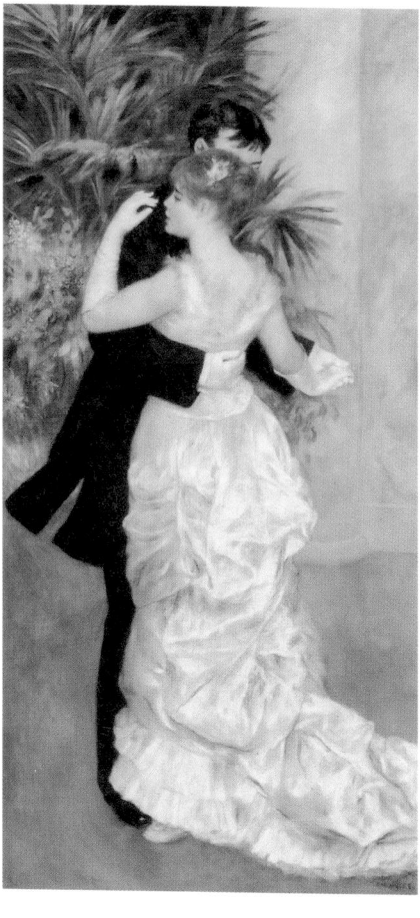

캔버스에 유채
180×90㎝
1883년

피에르 오귀스트 르누아르

전원의 무도회

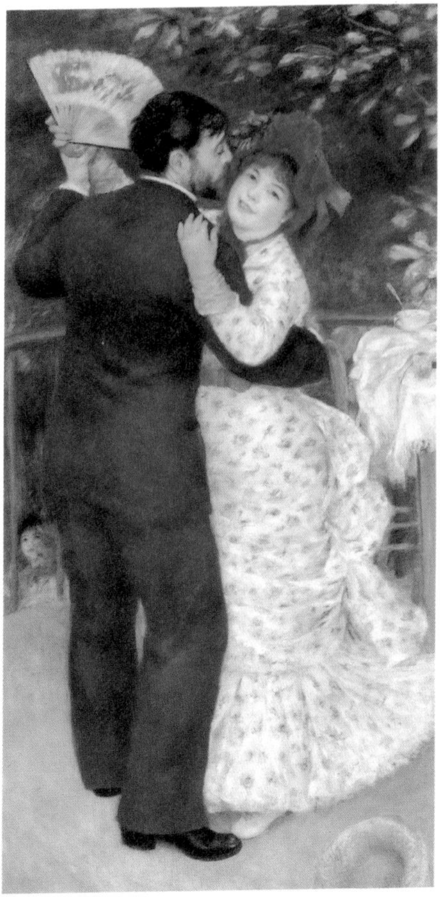

캔버스에 유채
180×90㎝
1883년

피에르 오귀스트 르누아르

그네

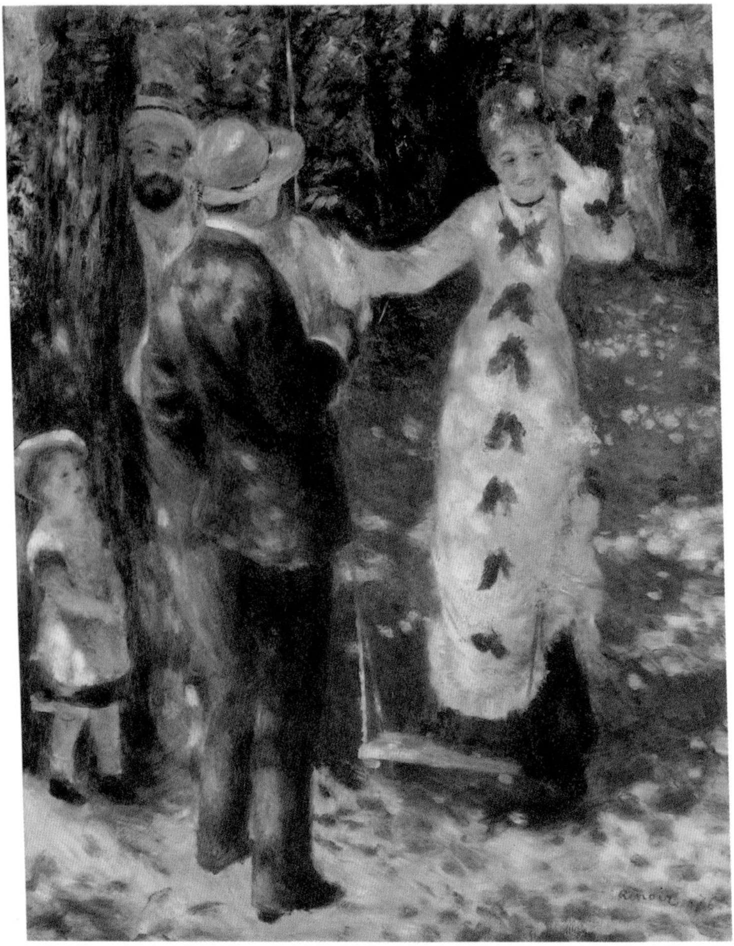

캔버스에 유채
92×73cm
1876년

〈그네〉는 르누아르가 1876년 인상파 화가로서 활동하던 초기에 그린 그림으로, 또렷하지 않은 윤곽선과 얼룩처럼 뭉친 색이 만들어내는 빛과 그림자의 묘사가 압권이다. 무성한 나무 사이로 비집고 들어오는 빛이 인물의 얼굴과 옷 그리고 바닥에 갖가지 색으로 와 닿아 눈을 현란하게 한다.

후기로 갈수록 르누아르는 점점 더 인물화에 집착했고, 그럴수록 전통 회화에 대한 향수가 짙어지는 경향이 있다. 인상주의식의 그림은 어떤 장소를 스쳤을 때 한순간 받은 '인상'을 잡기에는 좋지만, 인물의 섬세한 표정이나 도드라지는 특징을 잡아내기에는 아무래도 한계가 있었던 것이다. 그는 이탈리아를 여행하면서 '데생', 즉 '선'을 중요시하는 라파엘로의 그림에 크게 매료되었고, 이후 살롱전에 다시 도전하면서 공공연하게 고전미술에 대한 애착을 표현하곤 했다. 〈도시의 무도회〉와 〈전원의 무도회〉는 각기 선남선녀의 즐거운 여흥의 순간이라는 점에서는 인상파 특유의 주제를 취하고 있지만, 묘사된 인물은 초기작 〈그네〉와는 확연히 다르다. 분명해진 선, 그로 인해 단단하게 윤곽을 갖춘 형태는 과연 그가 존경해 마지않던 라파엘로를 떠올리게 한다. 특히 〈전원의 무도회〉에 그려진 자신의 연인 알리스 샤리고의 얼굴과 몸집에서 드러나는 풍만한 양감은 다분히 고전적이라 할 수 있다.

〈도시의 무도회〉의 여자 모델은 쉬잔 발라동Suzanne Valadon[8]으로, 당대 최고의 모델이며 로트레크나 르누아르 그리고 음악가 에리크 사티Erik Satie와 깊은 관계를 맺은 희대의 팜 파탈이기도 하다. 그녀는 훗날 화가로 활동하기도 했으며, 화가 모리스 위트릴로Maurice Utrillo를 낳았다.

피에르 오귀스트 르누아르

목욕하는 여인들

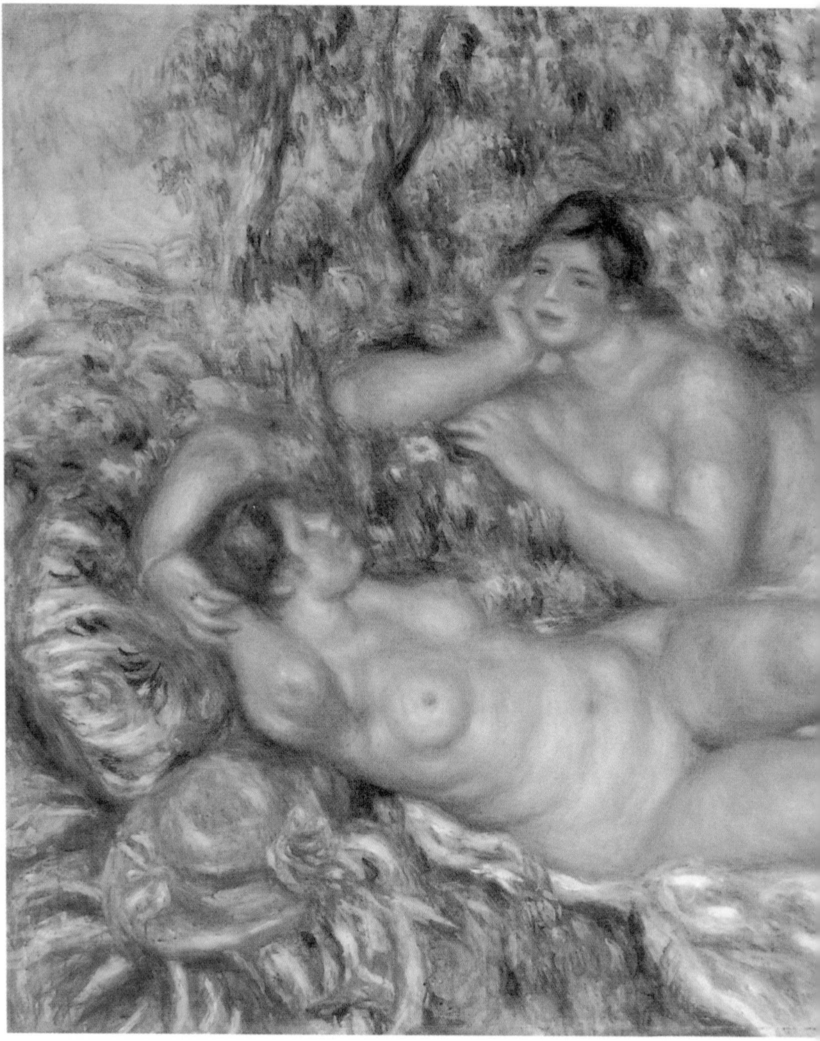

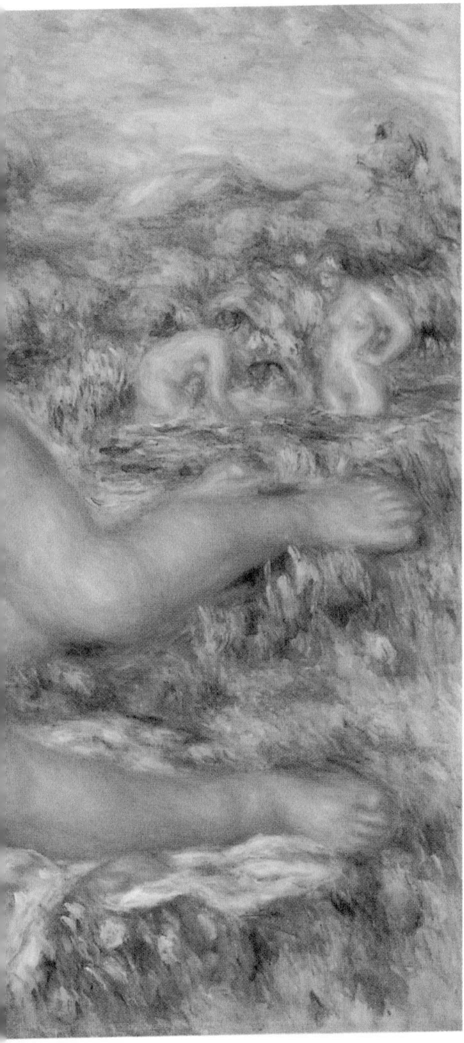

캔버스에 유채
110×160㎝
1918~1919년

피에르 오귀스트 르누아르

햇빛 속의 누드

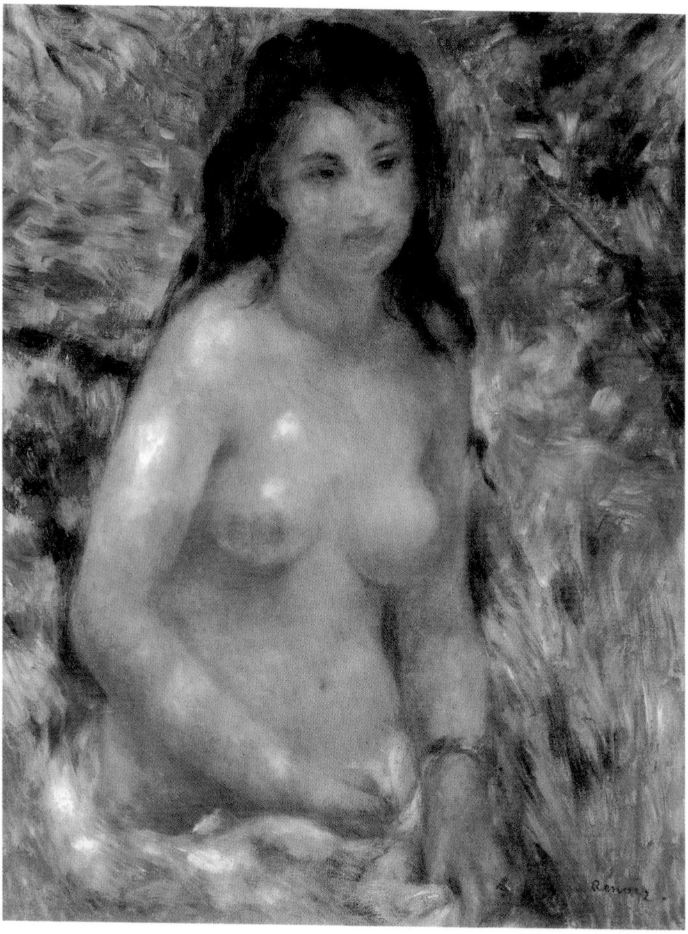

캔버스에 유채
81×65㎝
1875~1876년

〈햇빛 속의 누드〉는 르누아르가 초기에 인상파 화가로서 의욕을 갖고 작업한 것으로, 반듯하게 이상화된 고전적인 누드와는 많이 다르다. 원래 '습작: 토르소, 빛의 효과Étude: Torse, effet de soleil'로 불리던 이 그림은 여인의 누드에 대한 관심이라기보다는 오히려 벗은 살결에 와 닿는 빛과 그림자에 대한 연구라고 볼 수 있다. 여인의 몸에는 직접적으로 내리쬐는 강한 빛과 나무 이파리가 만들어낸 푸른 그림자가 한가득 거친 붓질로 담겨 있어 그 자체가 팔레트 같은 인상을 준다. 그야말로 인상주의적 기법에 충실한 이 그림은 제2회 인상파 전시회에 출품되었지만 비평가 알베르 월프Albert Wolff는 "썩은 시신에 나타나는 녹색과 보라색의 시반"을 운운하며 단호하게 평가절하했다.

류머티스 관절염으로 뒤틀리고 마비된 손에 붓을 묶은 채이지만, 작품을 끝내기 전까지는 절대로 죽지 않겠노라 공언할 만큼 혼신의 힘을 다해 그린 〈목욕하는 여인들〉은 이미 초기의 누드화와 많이 달라져 있다. 인물은 전통적인 누드화에서 식상할 정도로 자주 볼 수 있는 흔한 자세를 취하고 있다. 가슴을 적나라하게 보여주기 위해 두 팔을 위로 올리고 있거나, 둔부의 풍만함을 강조하기 위해 허리를 살짝 비튼 채로 누운 모습은 진부하기까지 하다. 르누아르는 또한 인상파가 포기하곤 했던 인물의 입체감을 다시 살려냈다. 그러나 몇 겹씩 포개지는 거친 선으로 만들어진 배경 속 풀과 대지와 천 등은 전통적인 회화에서 보는 '사진 같은 사실감'을 완전히 잃어버린 채로 여인들을 자연이 아니라 물감 사이를 부유하는 양 그려내고 있다.

카미유 피사로

자화상

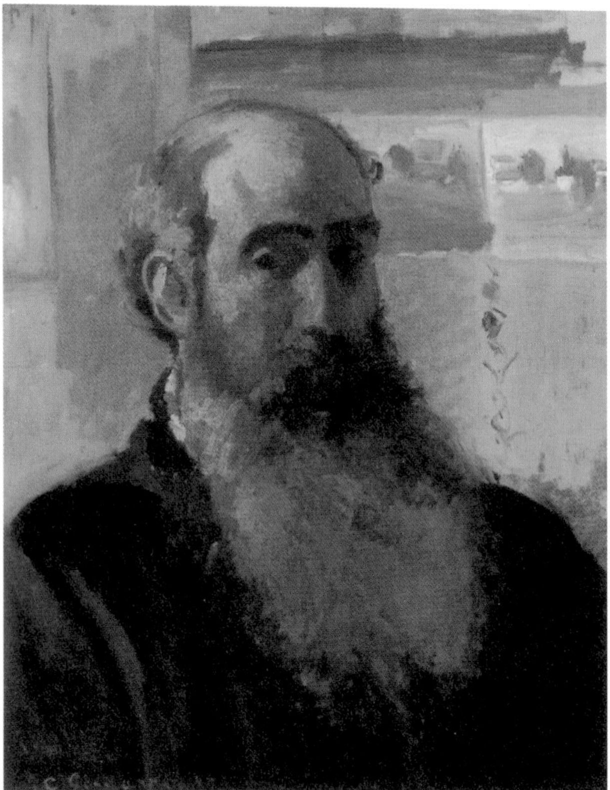

캔버스에 유채
56×46.7㎝
1873년

카미유 피사로

들판의 여인

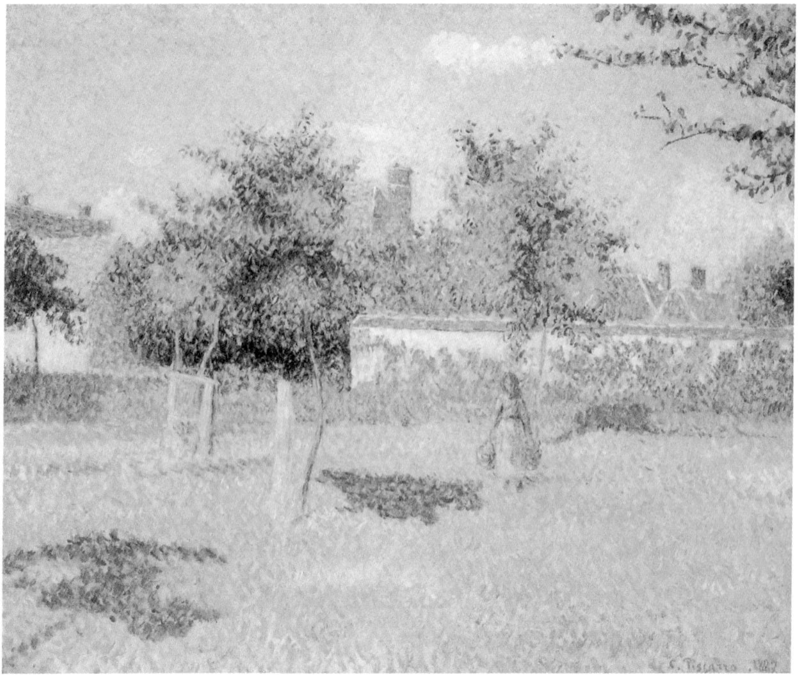

캔버스에 유채
54×65㎝
1887년

카미유 피사로

하얀 서리

카미유 피사로

서리 내린 밭에 불을 지피는 젊은 농부(밭 태우기)

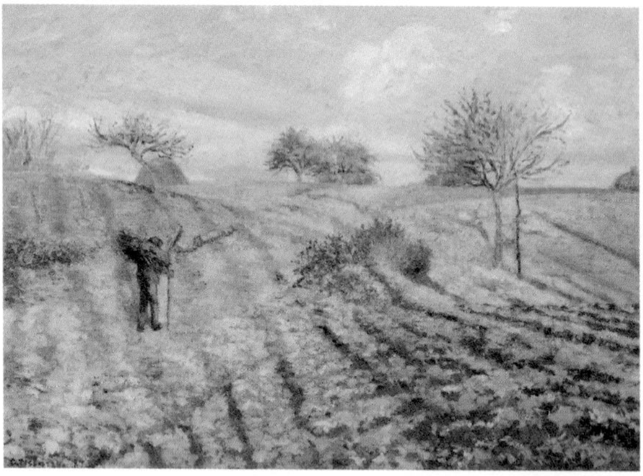

캔버스에 유채
65×93cm
1873년

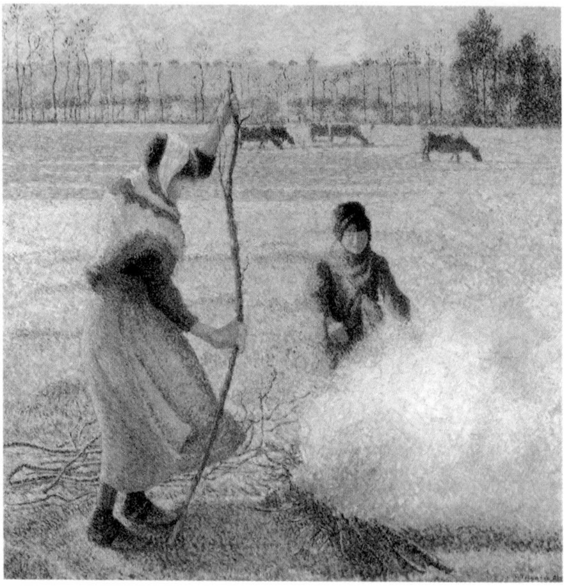

캔버스에 유채
92.8×92.5cm
1887~1888년

카미유 피사로Camille Pissarro, 1830~1903는 제1회 인상파 전시회에 출품한 〈하얀 서리〉로 인해 신문기자 루이 르루아Louis Leroy로부터 "지저분한 캔버스 위에 팔레트 부스러기를 뿌려놓은 것 같다."는 야멸찬 조롱을 받았다.

〈들판의 여인〉에서 보듯 피사로는 실외 풍경을 밝은 색채와 짧게 끊어지는 붓질로 화면에 옮기는 모네와 비슷한 화풍을 구사하곤 했다. 그는 주로 농촌 풍경을 담아 밀레와 비교되기도 하는데, 한편으로는 파리 시가지의 구석구석을 담은 그림으로도 유명하다.

그는 후기로 갈수록 〈서리 내린 밭에 불을 지피는 젊은 농부(밭 태우기)〉처럼 원색을 팔레트에서 섞지 않고 붓에 찍어 일정한 크기로 고르게 캔버스에 찍어 담아내는, 쇠라나 시냐크의 '점묘파'에 매료되기도 했다. 그러나 점묘파가 형태의 윤곽을 단단히 잡아내는 데 비해 그는 여전히 자연에 떨어지는 빛의 효과와 그 인상을 잡아내는 데 주력했고, 늘 "사물의 윤곽선을 너무 분명히 그리지 마라. 대신 색채와 그 농담을 담은 붓질에 힘을 써라."라고 말했다.

피사로는 밀레처럼 농부의 삶을 부지런히 화면에 옮기곤 했다. 하지만 남루한 농부의 삶을 종교적일 만큼 숭고하게 미화시킨 밀레와 달리, 들판에 나가 일하는 농부의 모습을 색과 빛으로 조합해 그 순간의 인상과 분위기를 아름답게 표현해내는 데 더 힘을 쏟았다. 사실 피사로를 비롯한 대부분의 인상파 화가는 사회에 대한 뚜렷한 의견을 작품에 반영한다기보다 시각적 즐거움을 좇는 데 그친다는 점에서 비판의 대상이 되기도 한다.

알프레 시슬레

홍수가 난 마를리 항구

알프레 시슬레

눈 내리는 루브시엔

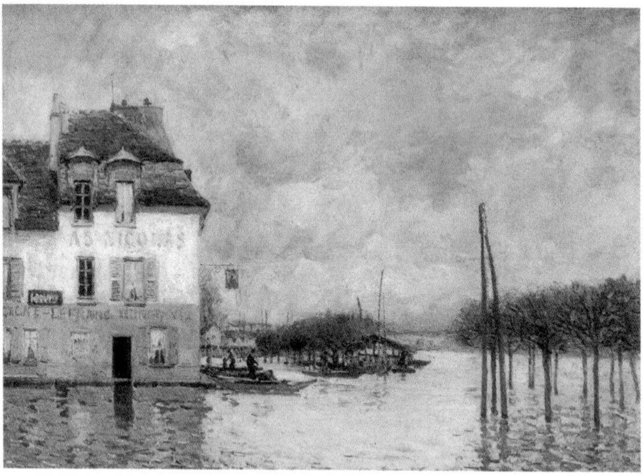

캔버스에 유채
60×81cm
1876년

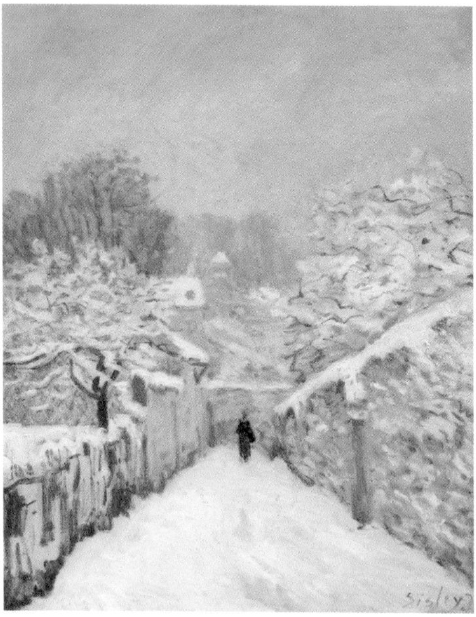

캔버스에 유채
61×50.5cm
1878년

알프레 시슬레Alfred Sisley, 1839~1899는 영국인이지만 생애의 대부분을 프랑스에서 보냈다. 그의 화풍은 바깥에 나가 대기의 변화에 따른 색의 변화를 관찰하여 기록하는 모네나 피사로의 것과 흡사하다. 그는 세상 모든 것을 다 투영해내는 수면, 맑거나 구름 가득한 하늘, 잔뜩 빛을 머금었다가 켜켜이 토해내는 이파리, 눈 덮인 시골길, 안개 낀 숲속 등을 특유의 말랑말랑한 색감에 버무려 화면에 펼쳐놓았다. 시슬레는 비교적 부유한 집안에서 태어났지만, 가세가 기운데다가 그림도 거의 팔리지 않아 고전을 면치 못했다. 그는 높은 생활비를 피해 파리 근교를 떠돌아야 했고, 그렇게 머문 장소를 대상으로 풍경화를 제작했다.

〈홍수가 난 마를리 항구〉는 그가 살던 마를리 지역의 한 항구에서 그린 작품이다. 구름이 잔뜩 낀 하늘을 배경으로 그 하늘과 건물이 반영된 강물의 풍경을 짙은 애수의 시선으로 담았다. 루브시엔은 루이 14세가 여름 별장을 둘 정도로 경치가 아름다운 곳으로, 시슬레가 살던 마를리에서 가깝다. 〈눈 내리는 루브시엔〉은 그곳의 겨울 풍경을 그린 것이다. 거칠고 투박한 붓질이 고스란히 느껴지는 설경 속에 한 사람이 발걸음을 옮기고 있다. 원근감이 확실하게 느껴지는 양쪽 담벼락 끝에 세부 묘사가 거의 생략되어 검은 붓질 한두 번으로 찍어낸 듯한 한 사람의 존재가 그림 전체를 더욱 고즈넉하고 쓸쓸하게 만든다.

시슬레는 르누아르나 모네와 달리 살아생전 제대로 된 평가를 거의 받지 못했다. 그의 사후, 그러고도 한참의 세월이 흐른 뒤에야 다른 인상파 화가들의 풍경화와 달리 그의 그림에서만 감지되는 특유의 서정미, 예컨대 고독과 쓸쓸함 등의 정서가 재발견되면서 각광을 받기 시작했다.

에드가 드가

발레 수업

에드가 드가

스타(무대 위 댄서)

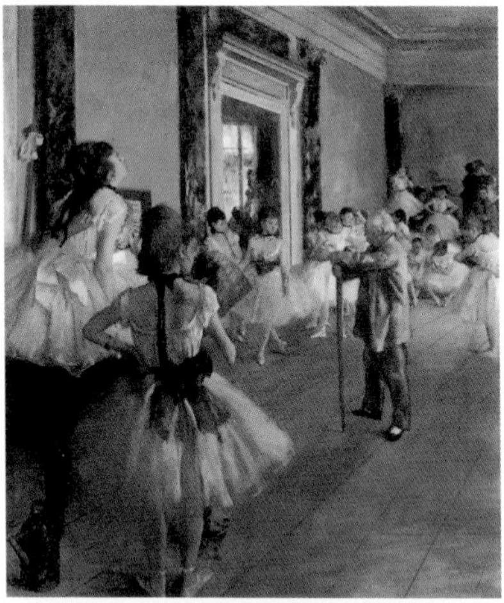

캔버스에 유채
95×75㎝
1873~1876년

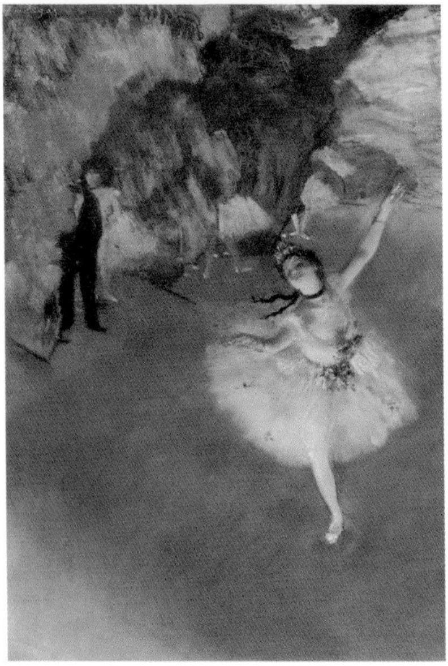

모노타이프*에 파스텔
60×44㎝
1876~1877년

에드가 드가Edgar Degas, 1834~1917는 "내가 정부라면 병사들을 조직해서 야외에서 풍경화를 그리는 사람들을 감시할 것이다."라는 말까지 서슴지 않아 다른 인상파 화가들과 마찰을 일으키곤 했다. 그는 인상파 전시회에 빠짐없이 작품을 걸었지만, 야외에서 그리는 풍경화를 늘 탐탁지 않게 생각했다. 그는 인상파라기보다는 살롱전을 기웃거리는 아카데믹한 고전주의자라고 부르는 것이 나을 정도로 앵그르나 라파엘로처럼 선의 중요성을 지나치리만큼 강조했다. 그런데도 그 누구도 드가를 인상파 화가로 부르는 것에 주저하지 않은 것은 그가 이야깃거리 하나 없는 일상을 주제로 그렸다는 점과, 고전적인 그림에서는 보기 힘든 파격적인 시점과 구도를 택했다는 점에 있다.

〈발레 수업〉은 사선으로 이어지는 넓은 실내에 등을 보인 무용수를 전면에 클로즈업하는 특이한 구도로 그려졌다. 인물은 다른 인상파 화가들의 그림에서는 볼 수 없는 단단한 형태를 갖추고 있다. 무용수의 반투명한 옷은 그가 조심스레 찍어낸 붓질 끝에서 하늘하늘 촉감을 자극한다.

〈스타(무대 위 댄서)〉는 현대인에게 익숙하지만 당시 사람들의 눈에는 놀라우리만큼 새롭고 낯선 시점으로 그려졌다. 대상과 비슷한 눈높이에 캔버스를 두고 그린 것이 아니기 때문이다. 이 특이함은 그가 카메라로 대상을 촬영한 뒤 캔버스에 옮겼기에 가능한 것이었다. 카메라는 사실상 당대 화가들에게 가장 위협적인 존재였지만, 한편으로는 드가의 경우처럼 '더 새롭고 신선한 시선'을 창조하게끔 하는 원동력이 되기도 했던 것이다.

* monotype: 유화구나 잉크로 글라스판이나 금속판 혹은 석판 위에 도양을 그리고, 그것에 종이를 덮어 인쇄한 것이다. 판화와 회화의 중간 과정으로, 한 장 내지 몇 장만 얻을 수 있다.

에드가 드가

압생트를 마시는 사람

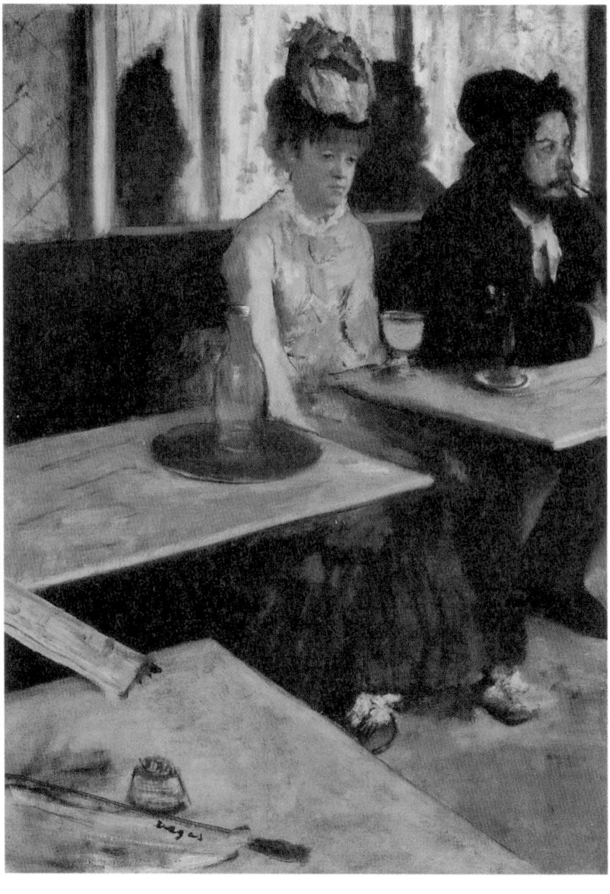

캔버스에 유채
92×68㎝
1875~1876년

에드가 드가

증권 거래소에서

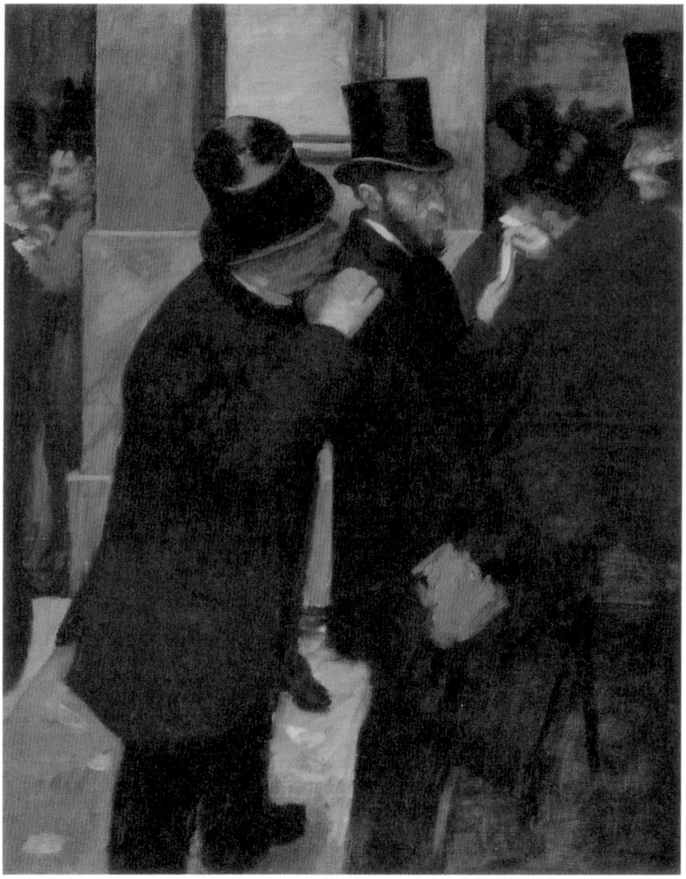

캔버스에 유채
100×82㎝
1878~1879년

에드가 드가

다림질하는 여인들

에드가 드가

욕조

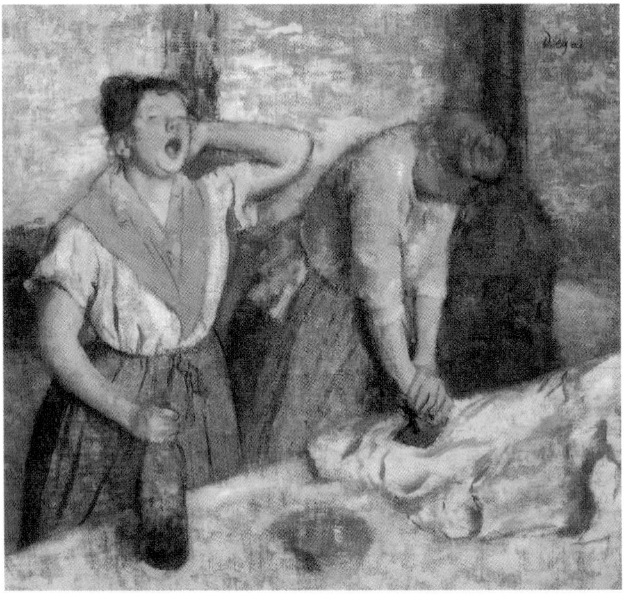

캔버스에 유채
76×81.5㎝
1884~1886년

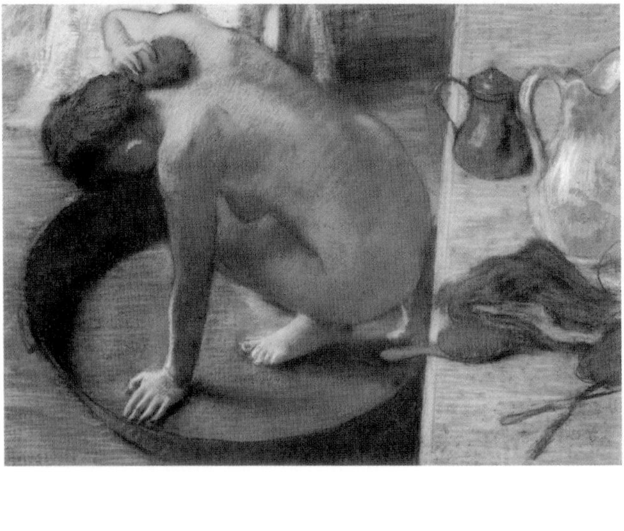

종이에 파스텔
60×83㎝
1886년

드가의 참신함은 무엇보다 '너무나 일상적이어서 진부하기까지 한 소소함'을 화폭에 담음으로써 세상 모든 것을 다 '볼거리'로 만들고, 그리하여 무심코 스쳤을 익숙한 장면을 경이롭게 만드는 힘에 있다. 〈압생트를 마시는 사람〉 속 남녀는 한때 금주령을 내릴 정도로 독한 술, '가난한 자들의 마약'이라고 불렸던 압생트absinthe를 마시며 나란히 앉아 있다. 하지만 결코 시선을 맞추지 않고 있어 산업화의 뒤안길에 놓인 현대인의 소외와 고독을 고스란히 내뿜고 있는 듯하다. 드가는 그들이 겪고 있는 고독의 순간을 기계적으로, 즉 무심코 찍은 한 장의 사진처럼 그려냈다. 이 그림 역시 독특한 시점과 구도가 인상적이다. 마치 생각 없이 찍었다가 어설프게 한쪽 면이 잘려나간, 즉흥적인 구도의 사진 한 장을 보는 듯한 느낌이 든다.

드가는 〈증권 거래소에서〉와 같이 말끔한 차림의 부르주아를 비롯해 소외된 계층까지 다양한 직업의 사람들을 소재로 삼았다. 그가 즐겨 그린 발레리나도 당시에는 고급 매춘부로 취급될 정도로 저속한 계층에 속했고, 다림질이나 세탁도 하류 계층 여인들이 터무니없는 저임금에도 생계를 위해 택한 일감이었다.

드가는 스스로 그림과 결혼했노라 외치며 독신으로 살았다. 그 때문인지 늘 여성을 추하게 그려 모델들로부터 항의를 받기도 했다. 〈욕조〉는 여성 누드를 그리는 드가의 괴팍한 취미가 돋보인다. 그는 타인이 자신을 보리라곤 상상도 하지 못한, 그야말로 완전 무방비 상태의 누드를 마치 열쇠 구멍으로 몰래 들여다본 것처럼 그리곤 했다. 따라서 그의 누드는 누군가를 의식한 채 몸에 잔뜩 힘을 준 인위적인 자세의 여성에게서 볼 수 없는 현실감이 압권이다.

귀스타브 카유보트

대패질하는 사람들

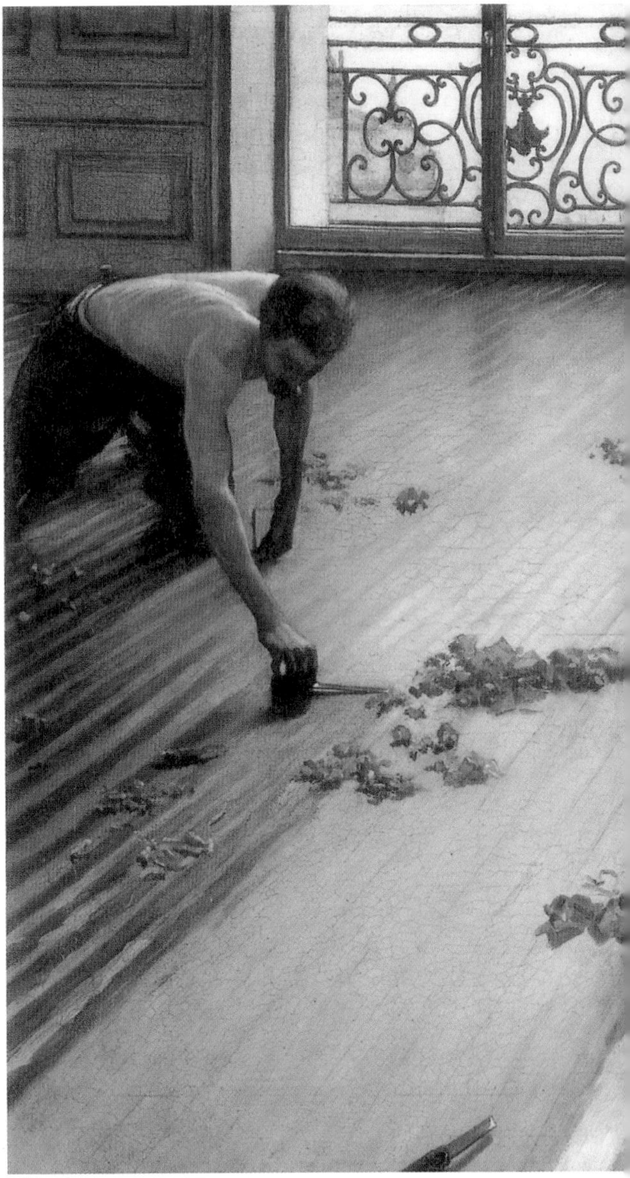

캔버스에 유채
102×146.5㎝
1875년

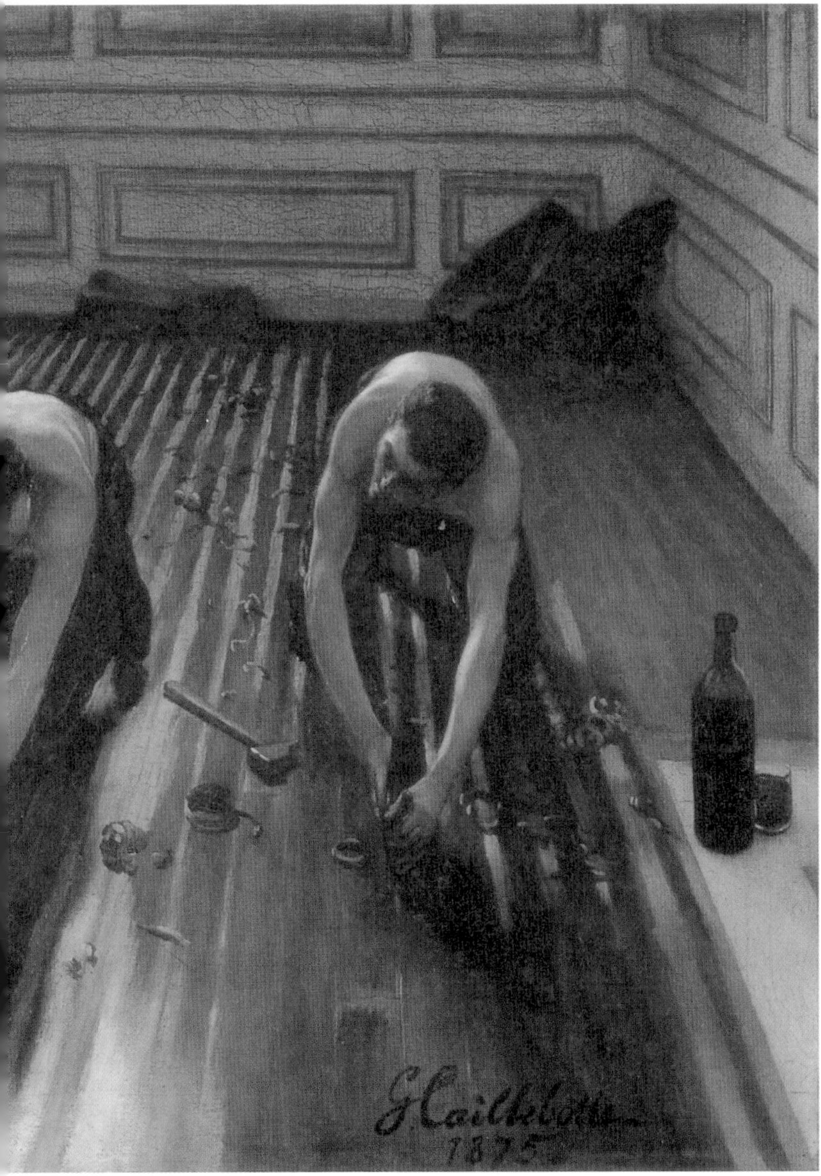
G. Caillebotte
1875

귀스타브 카유보트

자화상

귀스타브 카유보트

앙리 코르디에의 초상화

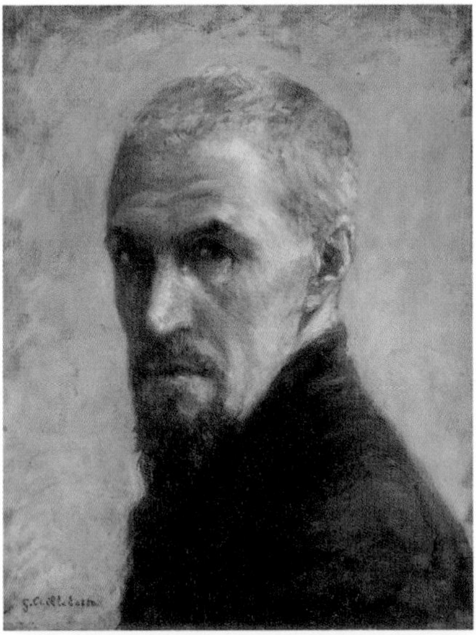

캔버스에 유채
40.5×32.5㎝
1889년경

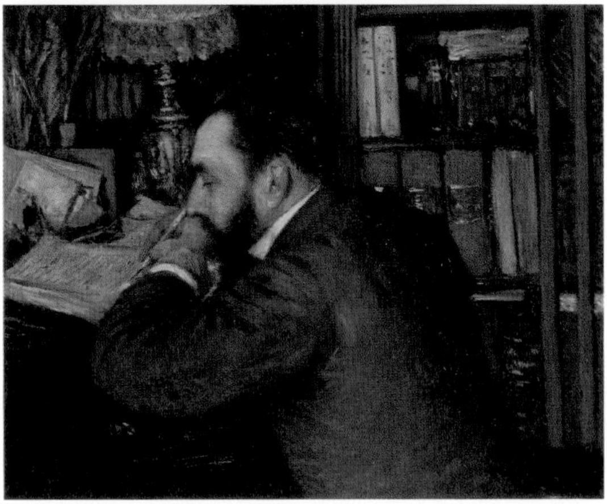

캔버스에 유채
65×80㎝
1883년

귀스타브 카유보트Gustave Caillebotte, 1848~1894는 군복 납품 업체를 운영하는 아버지로부터 엄청난 유산을 상속받아 인상주의 화가들 사이에서는 가장 부유한 층에 속했다. 그는 경제적 어려움을 겪던 인상주의 화가들의 전시회에 후원을 아끼지 않았으며 생계가 곤란한 동료 화가의 작품을 많이 사들여 도움을 주기도 했다. 그는 그렇게 사들인 작품을 훗날 국가에 기증했다.

카유보트는 드가의 소개로 게르부아 카페에서 마네의 무리와 어울리기 시작했다. 〈대패질하는 사람들〉에서 알 수 있듯, 그는 활달하고 빠른 붓질이나 빛을 색으로 표현하는 인상주의 기법보다는 단단하고 이상화된 인체 묘사를 선호하는 고전적인 데생을 구사했다. 인상주의 그림에서는 무시되곤 하던 정확한 원근법과 그로 인한 사실적인 공간감 역시 이 그림의 특색이다. 이처럼 그는 아카데믹한 기법에 충실했는데도 1875년 살롱전에서 낙선했는데, 영웅과 신화, 종교를 완전히 벗어나 도시 노동자의 삶을 '너무나 사실적으로 묘사'하고 있다는 지적 때문이었다.

그는 그림을 팔아 생계를 이어가야 하는 사람이 아니었다. 이 때문에 자신의 작품을 전시 때만 내놓았을 뿐, 대부분 본인이 소장하고 있어서 대중과 화단의 주목을 거의 받지 못했다. 그의 그림에 대한 재조명은 작품이 미술 시장에 나오기 시작한 1960년대 이후부터 이루어졌다. 오르세 미술관에는 당시 중국에 머물다가 파리로 돌아와 동양어학과 교수를 지낸 앙리 코르디에Henri Cordier의 초상화를 비롯해 화가 자신의 자화상과 풍경화 몇 점이 소장되어 있다.

Post-Impressionism

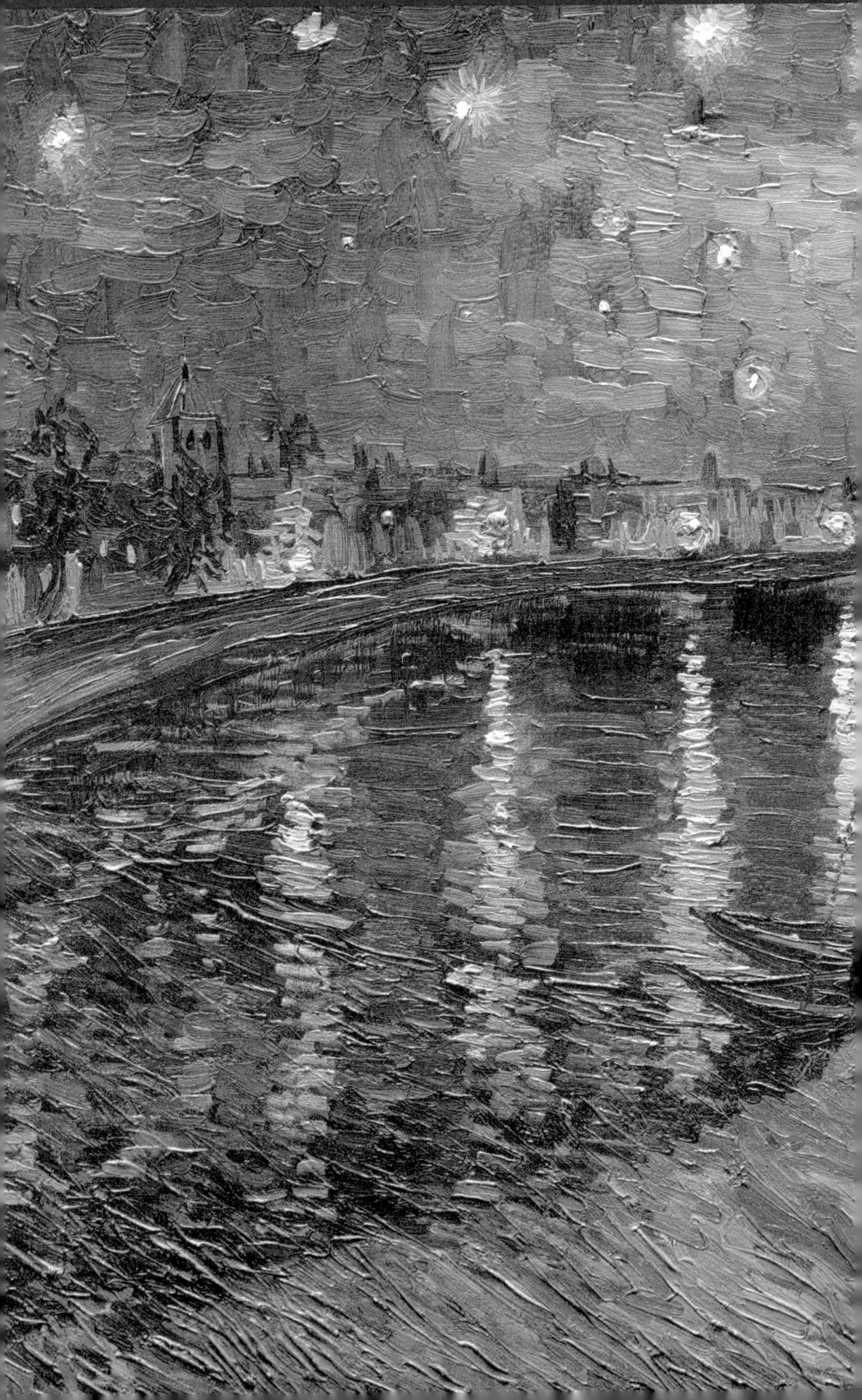

인상주의, 그 이후

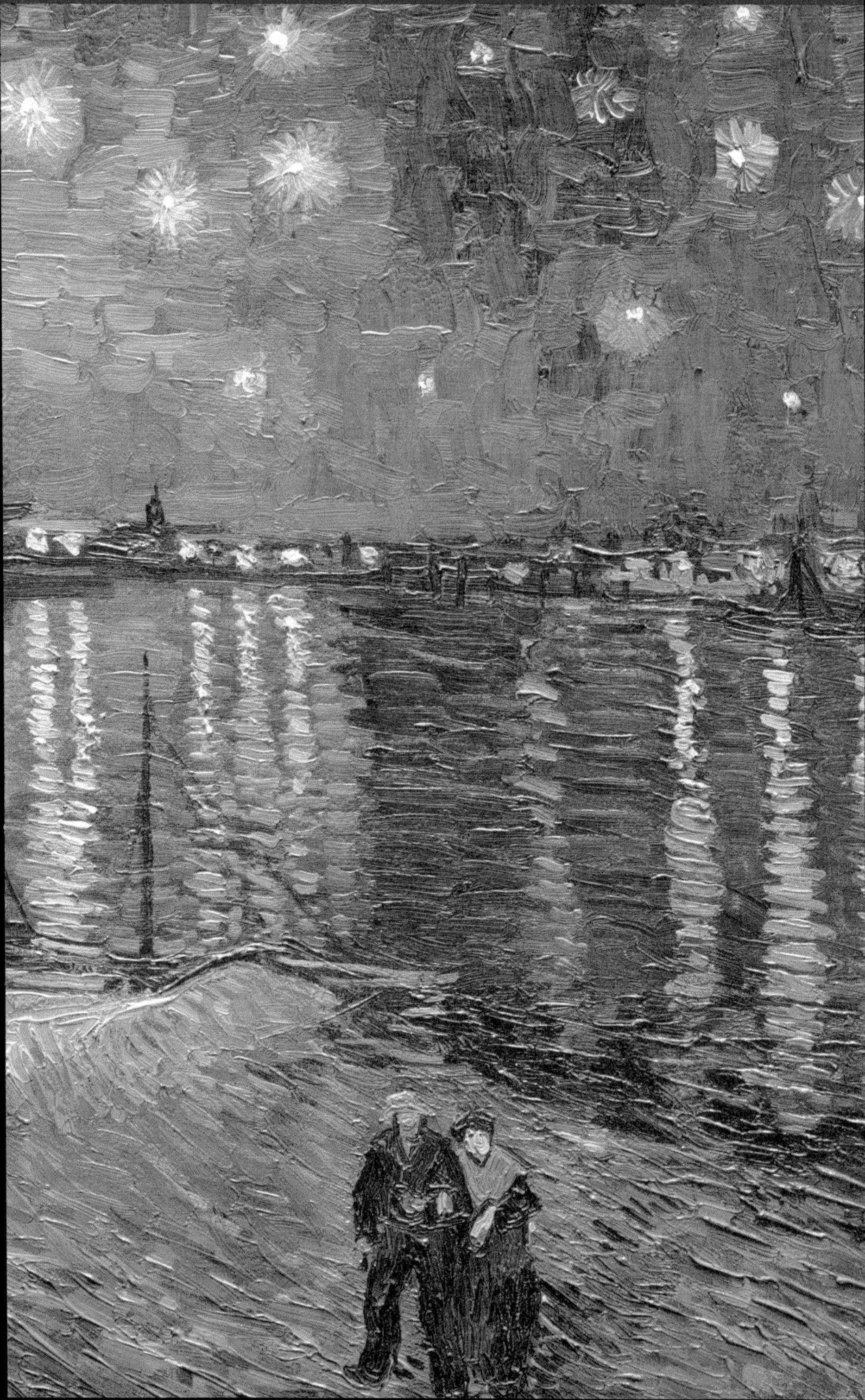

조르주 쇠라

등이 보이는 모델

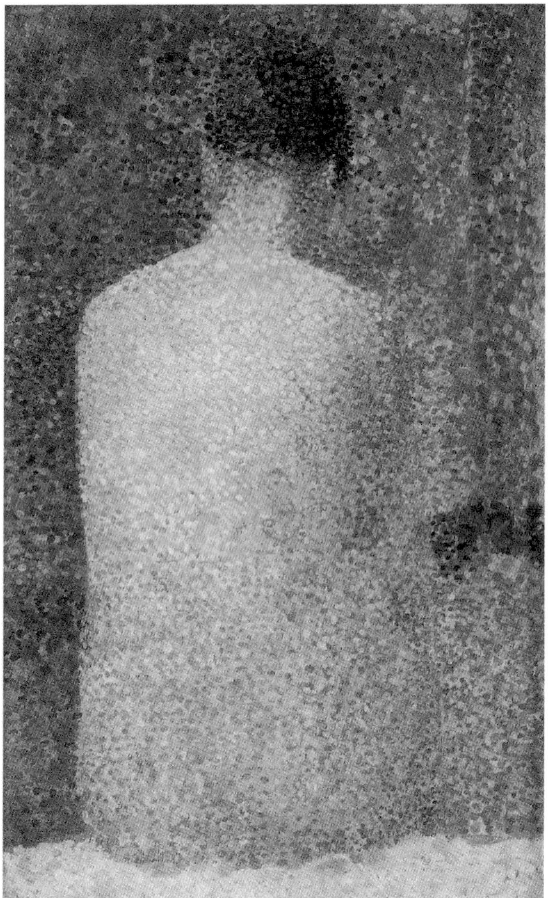

목판에 유채
24.5×15.5cm
1887년

조르주 쇠라

정면으로 서 있는 모델

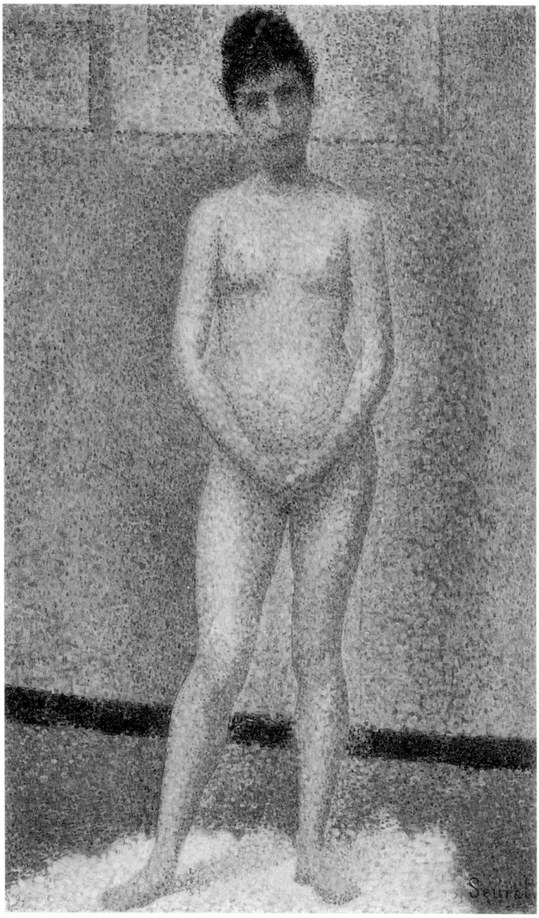

목판에 유채
25×16㎝
1887년

조르주 쇠라

서커스

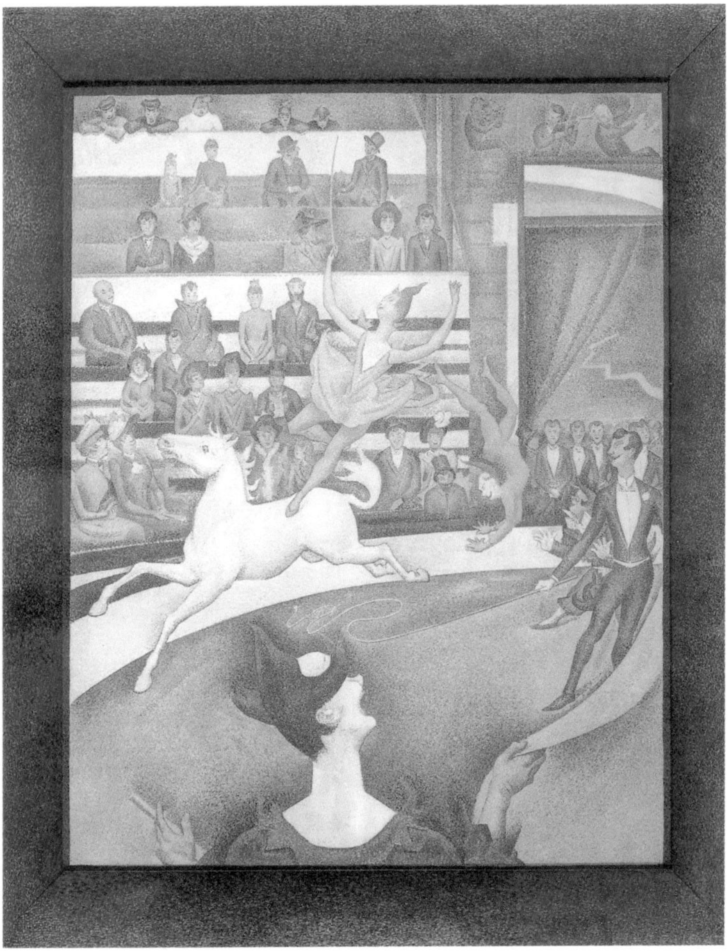

캔버스에 유채
185.5×152.5㎝
1891년

1886년 제8회이자 마지막 인상파 전시회가 열릴 무렵, 이미 인상주의자의 모임은 와해된 것이나 다름없었다. 제1회와 달리 각자 추구하는 바가 완전히 달라진 이들을 '공동 전시회'로 묶어두는 것은 이제 의미가 없어졌다. 그러나 마지막 전시회에 등장한 쇠라는 '점묘파Divisionisme'라고 불리는 또 하나의 새로운 세계의 서막을 알렸다.

조르주 쇠라Georges Seurat, 1859~1891와 폴 시냐크는 삼원색인 빨강, 파랑, 노랑 물감을 팔레트에 섞으면 원하는 색을 만들어낼 수 있지만 채도가 탁해지는 현상에 주목했다. 그들은 물감을 섞지 않고 화면에 나열하듯 찍는 방법을 택했다. 이들의 회화 기법은 색을 분할해서 그렸다, 또는 색점을 사용했다는 의미에서 분할주의 혹은 점묘파라고 불린다. 비록 인상파보다 훨씬 더 고르고 규칙적인 색으로 대상을 표현했다 해도 결국은 '빛과 색에 대한 인상파의 집념'을 더욱 확장시켰다는 의미에서 '신인상주의Néo-Impressionnisme'라고도 부른다.

쇠라는 워낙 완벽주의 성격이 강한 데다가, 사실상 고른 점을 하나하나 색의 이론에 맞게 찍어내는 작업은 시간이 어지간히 필요한 일이었기에 극소수의 작품만 완성할 수 있었다. 〈서커스〉를 비롯해 〈등이 보이는 모델〉 〈정면으로 서 있는 모델〉 모두 가까이서 보면 그야말로 원색의 나열에 불과하다. 하지만 일정한 거리를 두고 보면 점이 이어지면서 명암을 만들고 양감을 이루어 단단한 형태까지 잡아내는 신비로운 현상을 볼 수 있다. 그야말로 물감은 가만히 있는데 우리의 '눈이 알아서 색을 섞어' 다른 색으로 읽어내는 것이다. 〈서커스〉는 쇠라의 마지막 작품으로, 화면 액자까지 푸른 색점을 찍어 만든 것이다.

폴 시냐크

우물가의 여인들

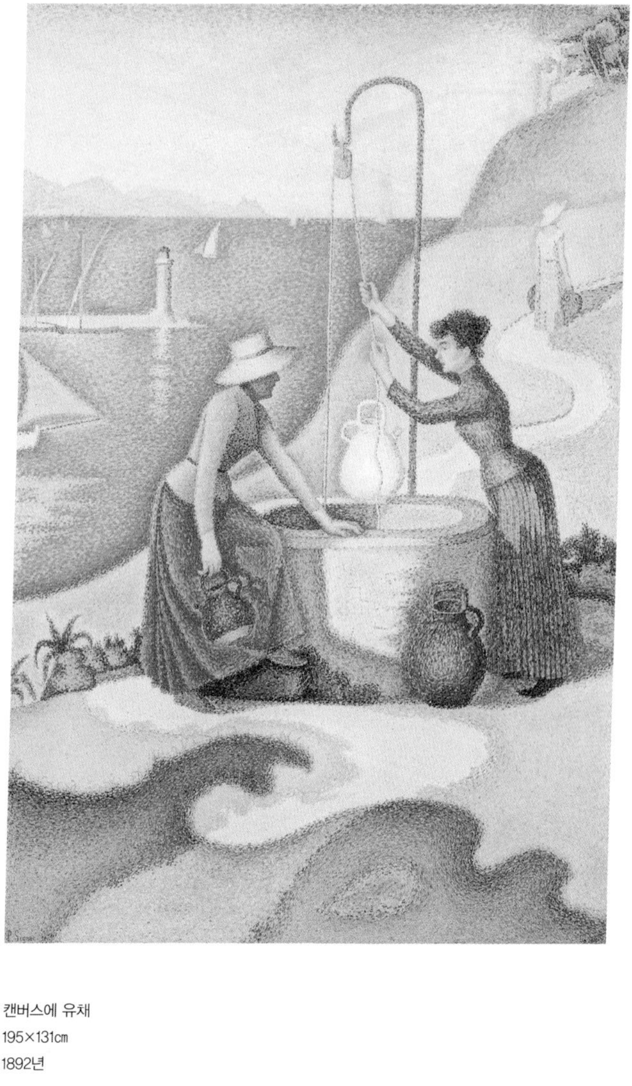

캔버스에 유채
195×131㎝
1892년

폴 시냐크

우산을 든 여인

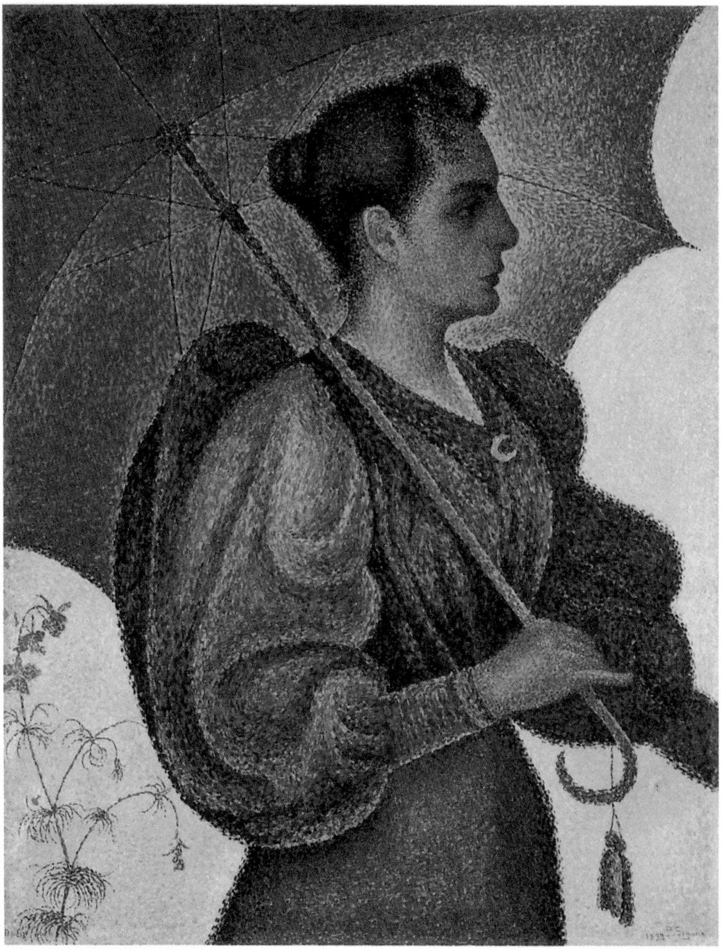

캔버스에 유채

81×65㎝

1893년

폴 시냐크

아비뇽 교황청

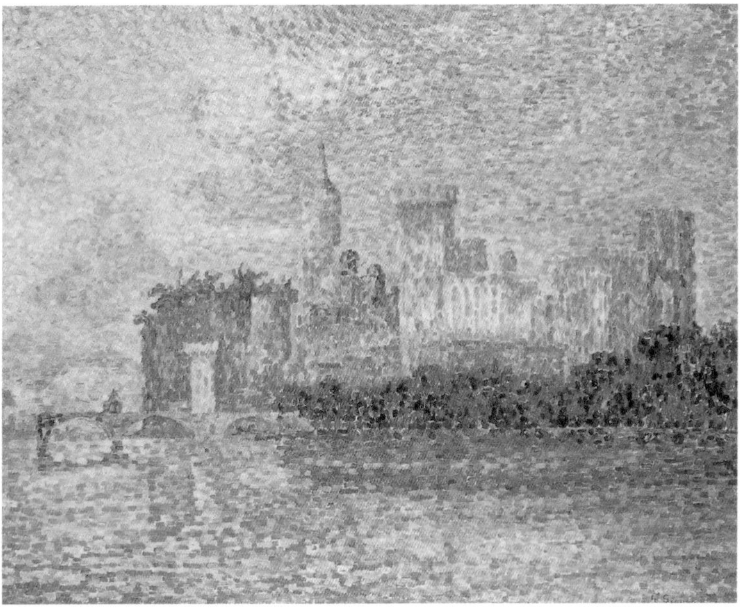

캔버스에 유채
73.5×92.5㎝
1909년

폴 시냐크Paul Signac, 1863~1935는 한때 건축가를 꿈꾸었으나 이내 화가의 길로 접어들었다. 1886년, 마지막 인상파 전시회에 쇠라와 함께 등장, 점묘법의 화풍을 소개했다. 시냐크는 쇠라가 요절하자 명실공히 점묘파의 대부로 그 역할을 다했다. 초기에는 지나치리만큼 과학적인 색 이론에 탐닉하던 그는 점차 '색을 통한 정서적 교감'을 중요하게 여겨 이른바 '색의 해방'을 추구한 야수파Fauvisme 화가들에게 큰 영향을 미친다.

〈우물가의 여인들〉은 그가 10여 년간 머물던 작은 바닷가 마을인 생트로페에서 그린 것이다. 작은 색점이 고른 알갱이처럼 모여 만든 푸른 하늘과 짙푸른 바다는 노란 땅, 초록과 보랏빛 그림자와 함께 어우러진다. 그림의 내용은 분명 바닷가 마을 우물가에서 물을 긷는 근대적 옷차림의 여인들이지만, 사실은 눈부시도록 아름다운 원색이 점으로 분할되었다가 다시 면으로 모이면서 보색과 조화를 이루고 있어 색 그 자체를 탐미적으로 관찰하게끔 한다.

〈우산을 든 여인〉도 마찬가지이다. 노랑과 빨강의 색점이 만들어놓은 붉은 우산은 여인이 입고 있는 옷의 색감과 강한 대비를 이루고 있다. 그림 속 모델은 시냐크의 아내 베르트 로블레이다. 그녀는 화가 카미유 피사로의 사촌이기도 하다.

시냐크의 회화는 자신의 눈에 비치는 세계, 즉 대상의 모습을 캔버스에 옮긴다기보다는 작은 색점으로 시작해 만들어진 큰 색채 덩어리가 서로 다른 색과 어떤 식으로 조화를 이루는지에 대한 관심의 결과라고 볼 수 있다. 〈아비뇽 교황청〉과 같은 그림은 풍경과 건물의 자연색 개념을 사라지게 하고, 그저 색 자체의 유희에 눈을 빼앗기게 한다.

인상주의를 넘어서

1886년 마지막 인상파 전시회가 열렸을 즈음엔 진보의 첨단을 달린다고 자부하던 이들조차도 고개를 설레설레 저을 수밖에 없는 더 파격적인 작품들이 선을 보였다. 인상주의를 벗어나거나 넘어서는 또 다른 형태의 미술, 즉 후기 인상주의 시대가 시작된 것이다. 후기 인상주의는 하나의 집단을 이루어 나름대로 강령을 가지고 자신들의 신념을 관철시키려는 하나의 운동이라고 볼 수는 없다. 그보다는 인상주의보다 좀 더 새로운 주제나 기법을 추구하는 여러 미술가의 다양한 변화를 통틀어서 부르는 것으로 볼 수 있다.

살롱전에 대한 반감이 인상주의 전시회를 만들었듯이, 그와 유사하거나 더욱 파격적인 모임과 전시회가 우후죽순처럼 생겨났다. 그중 1884년, 엄격한 혹은 받아들이기 어려운 살롱전의 심사 기준에 불만을 품은 몇몇 예술가는 독립예술가협회Sociétés des Artistes Indépendants를 결성하고 제1회 전시회를 열었다. '앵데팡당 전(독립전)'이라 불린 이 전시회는 말 많고 탈 많아 분쟁의 씨앗이 되곤 하는 심사위원 제도를 아예 없애 버렸고, 전시회 경비에 보탬이 될 소정의 금액만 내면 누구나 작품을 전시할 수 있도록 했다. 앵데팡당 전의 초기 멤버는 르동, 쇠라, 시냐크, 뒤부아 피에 등이었고, 회를 거듭하면서 반 고흐, 앙리 루소, 로트레크, 세잔, 마티스 등이 합류했다. 앵데팡당 전을 드나들던 이 미술가들은 대체로 인상파의 기운을 완전히 접수하여 소화하면서도 새로운 도약을 꿈꾸는, 이른바 후기 인상주의 예술가로 불리고 있다.

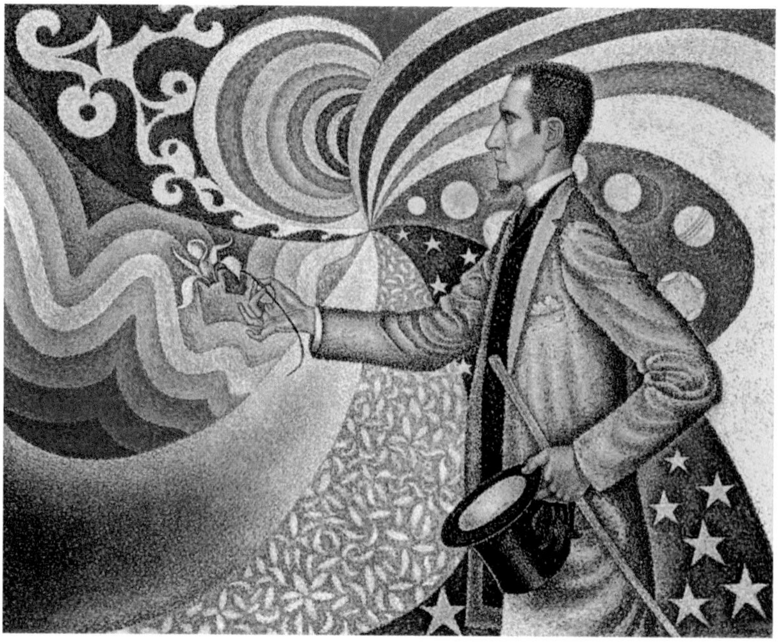

폴 시냐크 〈박자와 각도, 음색과 색채의 리듬을 페인트로 재현한 배경 앞에 서 있는 펠릭스 페네옹의 1890년 초상화〉

캔버스에 유채, 73.5×92.5㎝, 1890년, 뉴욕 현대 미술관

앙리 드 툴루즈 로트레크

몸단장

앙리 드 툴루즈 로트레크

침대

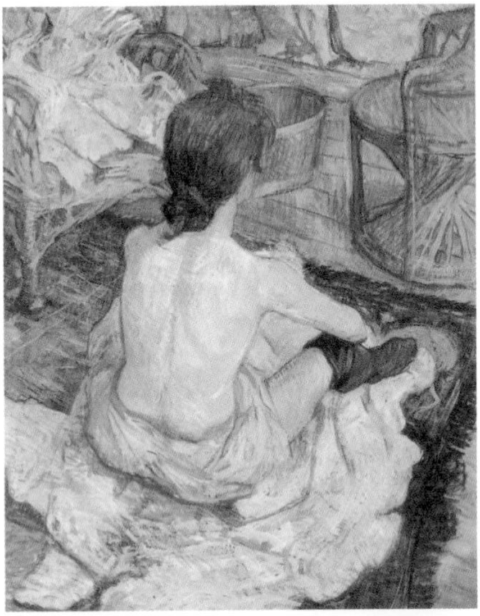

종이에 유채
67×54㎝
1889년

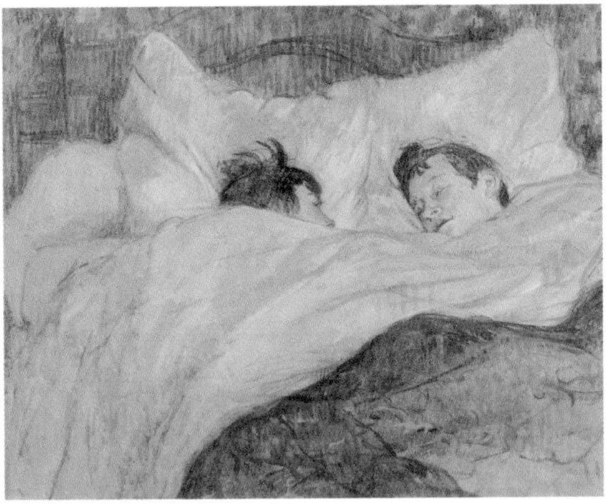

목판 위 종이에 유채
54×70.5㎝
1892년경

부유한 귀족 자제였던 앙리 드 툴루즈 로트레크Henri de Toulouse-Lautrec, 1864~1901는 어릴 적 사고로 인해 성장장애를 겪어 150센티미터 정도의 작은 키에 등이 굽어 있었다. 처지에 대한 비관은 방종과 타락으로 이어졌다. 마침내 집을 뛰쳐나온 그는 파리의 매음굴과 카바레 등을 전전하며 매독과 알코올에 찌들어 살았고, 서른일곱의 나이에 요절했다. 그는 자신이 아예 살다시피 한 사창가 등지에서 화류계 여성을 자주 화폭에 담곤 했다. 그는 기꺼이 그녀들의 벗이 되어주었다. 그래서인지 로트레크는 늘 자신의 그림을 베낀다고 화를 내던 드가와 흡사한 화풍을 가지긴 했지만, 여성을 바라보는 시선에서 미묘한 차이를 둔다. 〈욕조〉(114쪽)에서 드가는 '열쇠 구멍으로 몰래 들여다보는 듯한' 거리두기를 함으로써 누드의 그녀를 자신의 시선으로 완벽하게 지배하고 있다. 그녀는 방심한 채 자신의 치부를 속절없이 들키고 있는 셈이다. 그에 비해 로트레크의 그녀는 등 뒤에서 자신을 바라보는 존재를 분명히 알고 있다. 말하자면 화가인 로트레크와 합의하여 기꺼이 취해준 자세인 것이다.

〈침대〉는 사창가 여인들의 동성애 장면을 그린 작품이다. 당시 유흥가에서 일하던 여성들은 서로의 지친 삶을 가장 절실히 이해해줄 동성과 깊은 관계에 빠지는 일이 잦았다. 가난 때문에 머리카락까지 다 팔아치운 그녀들은 굴욕적인 하루를 끝낸 뒤 서로를 보듬어 안고 곤한 잠의 세계로 접어들고 있다. 로트레크는 그녀들의 모습을 연민의 눈으로 물끄러미 내려다보듯 그려냄으로써 그림을 감상하는 자들의 공감을 이끌어내고 있다.

폴 세잔

목 맨 사람의 집

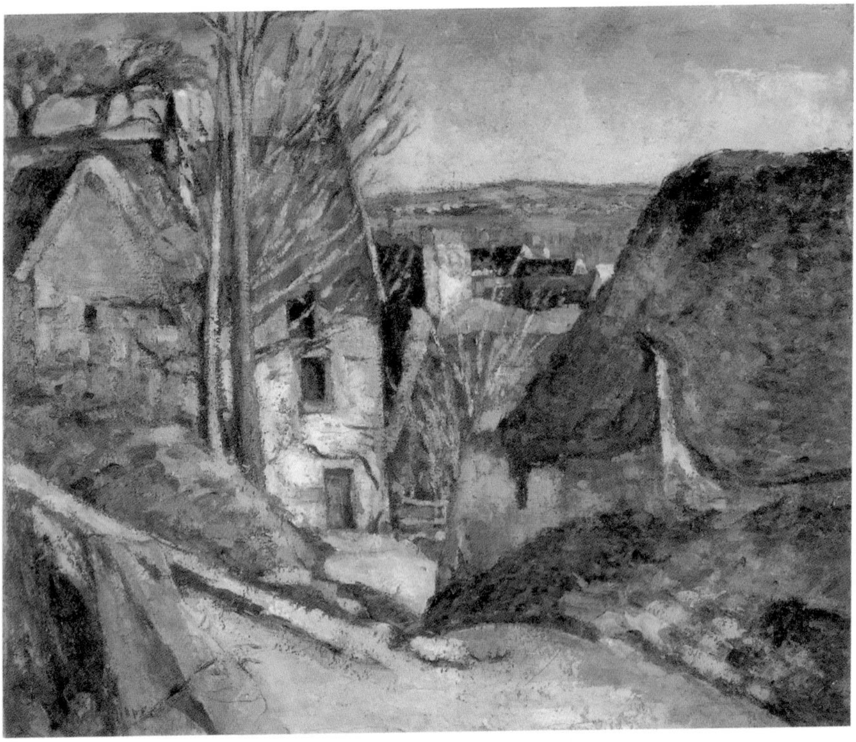

캔버스에 유채
55×66㎝
1873년

폴 세잔Paul Cézanne, 1839~1906은 남프랑스의 엑상프로방스에서 부유한 상인이자 은행가의 아들로 태어났다. 어린 시절 에밀 졸라와 친분을 쌓으면서 성장한 그는 한때 부모의 권유로 법과대학에 진학했다. 하지만 전혀 흥미를 느끼지 못한 채 화가가 되기로 결심하고 파리로 올라왔다. 피사로의 추천을 받은 세잔은 제1회 인상파전에 작품을 내는데, 그중 〈목 맨 사람의 집〉이 포함되어 있었다.

〈목 맨 사람의 집〉은 세잔이 고흐가 자살하기 직전까지 살았던 오베르쉬르우아즈의 한 동네를 그린 것이다. 제목에서는 자살한 사람이 살던 집임을 암시하고 있지만, 실제로 그런 일이 있었다는 이야기는 없다. 화가가 되어 처음으로 판매한 이 작품에 무척 강한 애착을 보인 세잔은 자신의 작품을 전시할 기회가 있을 때마다 구매자에게 부탁하여 전시 목록에 이 그림을 넣곤 했다. 인상주의의 감각을 한껏 살려 제작한 이 그림은 환하고 밝은 빛과 빠른 붓질이 돋보인다. 그러나 두텁게 몇 번씩 바른 물감이 건물과 지붕 그리고 나무의 질감을 독특하게 살려내고 있어 마치 조각 작품처럼 양감이 도드라진다. 형태가 단단하게 자리 잡고 있다는 점에서도 다른 인상파 화가들의 그림과 확연한 차이를 둔다.

아내인 마리 오르탕스 피케와 갓난 아들과 함께 1872년부터 2년 동안 이곳에 머문 세잔은 근처에 살던 피사로와 작업하며 인상파의 영향을 듬뿍 받았고, 피사로를 자신의 은사로 평생 모셨다. 하지만 정작 그의 그림 세계는 피사로나 기타 외광파 화가들과는 전혀 다른 방향으로 나아가기 시작했다.

폴 세잔

바구니가 있는 정물

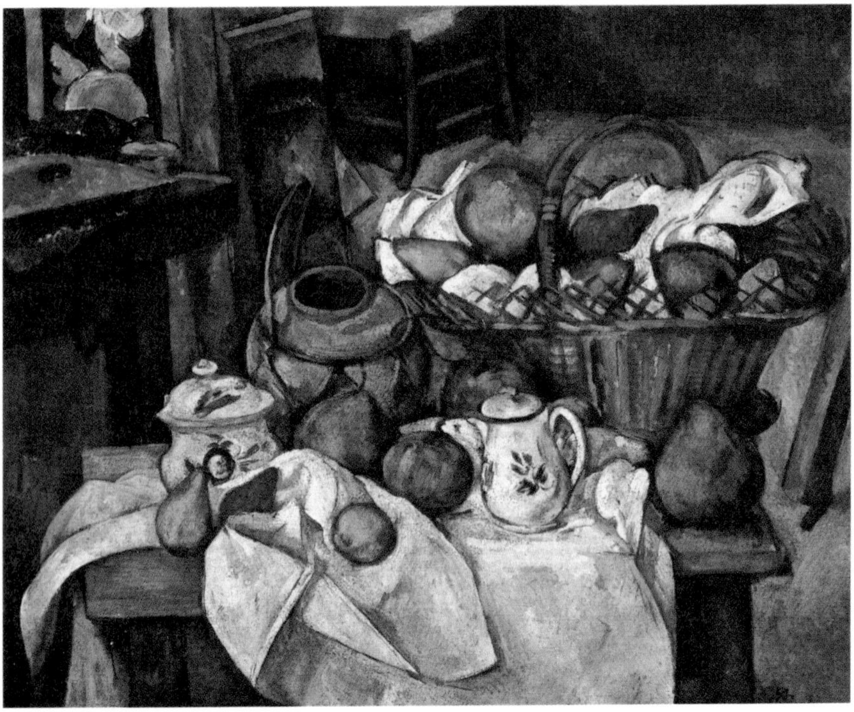

캔버스에 유채
65×81.5㎝
1888~1890년

세잔은 정물화를 자주 그렸다. 주로 사과를 비롯한 둥근 과일을 식탁보가 늘어진 탁자 위에 놓고, 그것을 단단하고 꼼꼼한 형태와 색으로 그렸다. 그러나 그의 정물은 간혹 우리가 일반적으로 생각하는 상식을 벗어나곤 한다. 〈바구니가 있는 정물〉에서 왼쪽부터 시작된 탁자의 선은 식탁보를 지나는 동안 수평을 벗어나 있어 부서진 탁자를 식탁보로 가려놓기라도 한 듯 보인다. 식탁 위의 항아리에 시선을 맞추면 옆의 과일 바구니가 저런 식으로는 보일 수 없다. 얼핏 엉망진창으로 보이는 이 그림은 서구 미술사에서 르네상스 이후로 몇 백 년 동안 지켜진 일시점一視點을 벗어나 있다. 세잔의 그림은 보는 사람의 시선이 올라갔다 내려갔다 할 때에나 가능하다. 즉 그는 다시점多視點으로 그림을 그린 것이다. 일시점과 원근법에 익숙한 우리는 세잔의 그림이 틀렸다고 생각하지만, 실상 우리가 어떤 대상을 관찰할 때는 카메라 렌즈처럼 '고정'된 '하나'의 눈을 사용하지 않는다. 오히려 시선을 위아래와 좌우로 움직이며 관찰한다. 탁자의 왼쪽을 쳐다보다가 식탁보에 이르면 시선이 턱하니 위로 올라가기 일쑤이고, 그러다 다시 오른쪽의 탁자를 향할 때는 이미 조금 전의 시점을 벗어나기 일쑤이다.

세잔의 이런 시도는 일시점의 원근법에 익숙한 사람들을 충격으로 몰아넣었다. 사물을 향하는 시점을 갈래갈래 잘라내서 평평한 화면 위에 이어 붙인 듯한 피카소의 입체주의도 세잔의 이런 혁명 없이는 불가능한 일이었는지도 모른다.

폴 세잔

세잔 부인과 커피포트

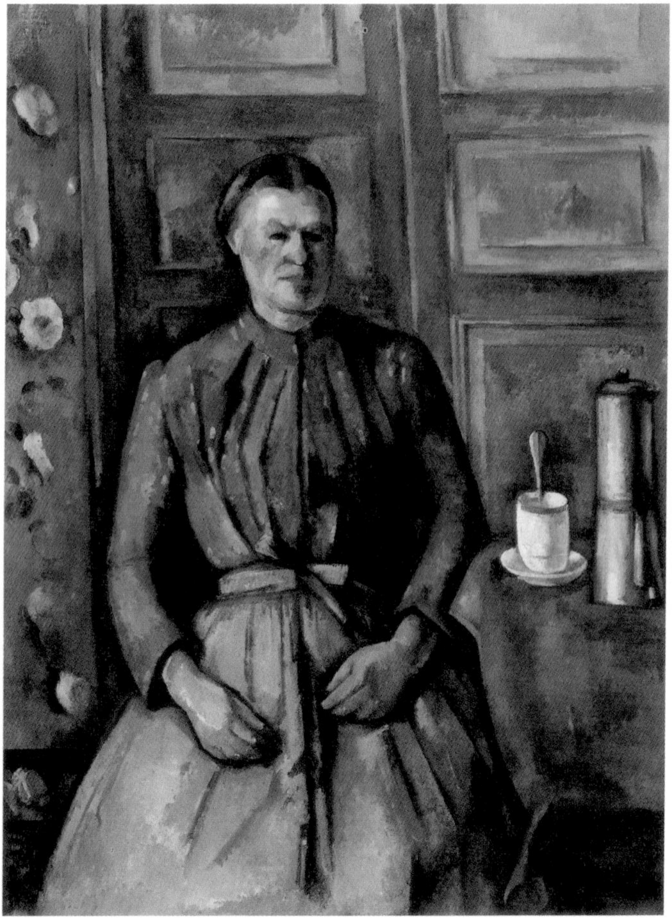

캔버스에 유채
130.5×96.5㎝
1895년경

세잔은 아내 마리 오르탕스를 모델로 서른 점이 넘는 초상화를 비롯해, 셀 수 없을 정도로 많은 양의 데생과 수채화를 남겼다. 그녀 말고는 누구도 초인적인 인내를 발휘해야 하는 그의 모델 역할을 해줄 수 없었기 때문이다. 사과 하나를 그려도 그 사과가 썩어나갈 때까지 공을 들이던 그에게 정물만큼이나 미동도 않고 오랜 시간 동안 모델이 되어줄 수 있는 사람은 그나마 아내뿐이었던 것이다.

그러나 그렇게 그린 〈세잔 부인과 커피포트〉에서는 오르탕스의 미화된 아름다움, 성품 또는 그녀와 화가 사이의 친밀함 등 전통적인 초상화가 추구하는 그 어느 것도 발견할 수 없다. 나란히 수직으로 그려진 왼쪽 벽지의 장미 문양, 꼿꼿하게 앉아 있는 오르탕스의 몸, 찻숟가락이 꽂힌 찻잔, 커피포트 그리고 탁자의 모서리는 수직선을 강조한다. 오르탕스의 머리 가르마에서 시작된 수직선은 콧날을 타고 내려와 가슴을 관통한 뒤 치마의 주름까지 정확하게 내려온다. 한편 문짝의 수평선은 그녀의 양 눈, 입술, 허리께와 평형을 이룬다. 그녀의 팔뚝은 커피포트의 원통과 흡사하게 그려져 있다. 그러고 보면 둥근 팔, 삼각형을 이룬 원피스의 아랫자락, 사각형 무늬로 된 배경의 문짝은 기하학적인 모양새를 이루고 있다. "자연을 원뿔, 원통, 구로 해석하라."고 하던 세잔의 주장이 이 초상화에서 그대로 구현되고 있는 셈이다.

세잔의 그림 속 사과가 '먹기 좋은 사과'라기보다는 둥근 형태와 강렬한 색감을 가진 그저 '그림 속의 사과'에 불과하듯, 오르탕스 역시 커피포트나 찻잔 그리고 탁자나 배경의 문짝, 장미 문양의 벽지 등과 동급인, 정물화의 한 구성 요소로 그려졌을 뿐이다.

폴 세잔

생트빅투아르 산

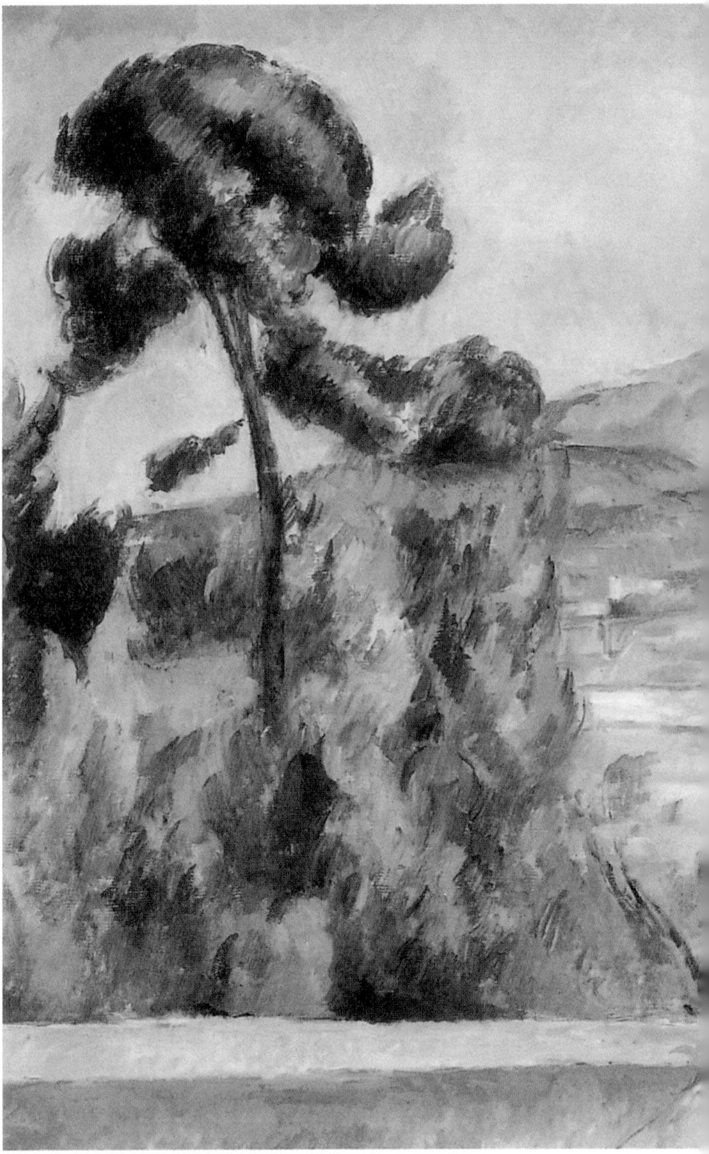

캔버스에 유채
62×92㎝
1890년경

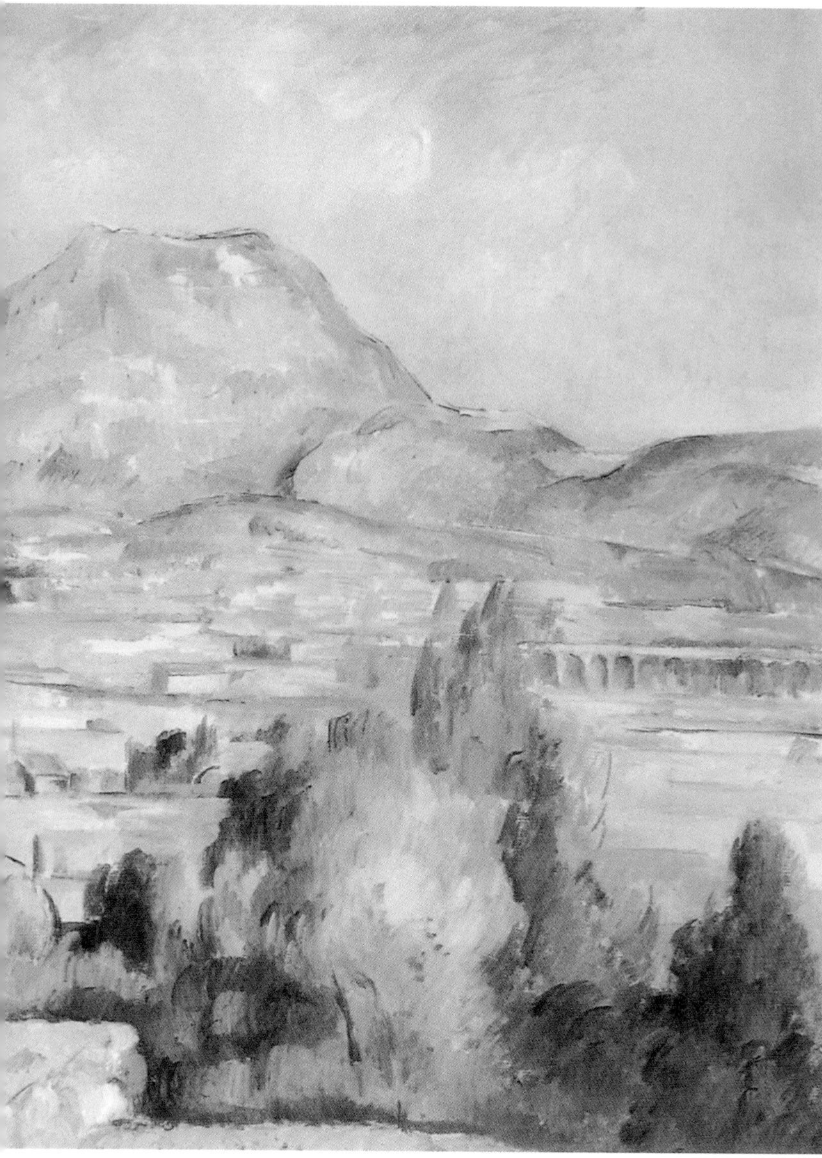

폴 세잔

목욕하는 사람들

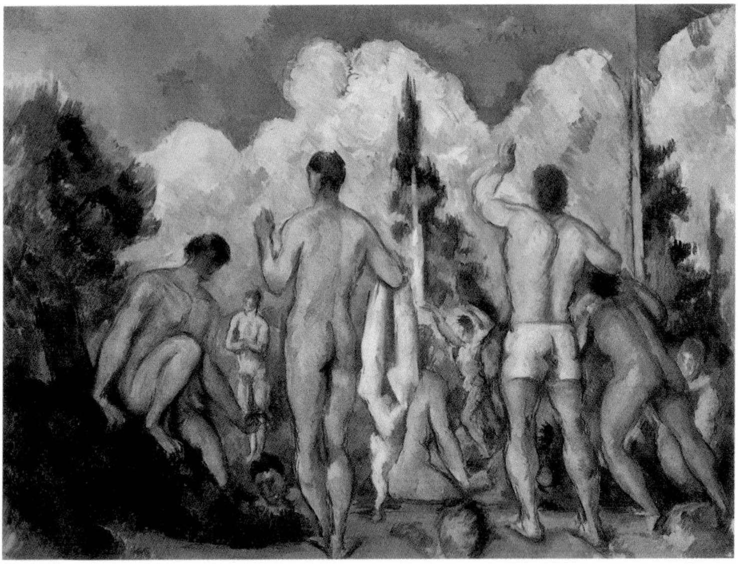

캔버스에 유채
60×82㎝
1890년경

폴 세잔은 생애의 마지막 시절을 고향 엑상프로방스에서 은둔하듯 보내며 '생트빅투아르 산'의 모습과 '목욕하는 사람들'을 연작으로 그렸다. 이 두 연작에서 세잔은 빛의 변화에 따라 달라지는 자연의 모습을 '눈에 보이는 대로' 그려낸 인상파 그림에서 더 나아간다. 자세히 보든 흘깃 보든, 더 나아가 보고 있든 보지 않든 원래부터 간직하고 있는, 그래서 영원히 변하지 않는 대상의 본질을 그려냈다. 이는 결국 그가 말하던 '원통, 원뿔, 구로서의 자연'을 환기시킨다.

생트빅투아르 산을 그린 그림에서는 산, 전경을 채우는 나무와 집의 가장 궁극적인 형태를 삼각형, 사각형 등으로 잡은 뒤 그들에 닿은 빛이 만들어낸 색을 그려 넣었다. 세잔의 회화는 사물의 외양을 가능한 한 단순화하는 지점으로 나아간다. 자연에서 혹은 인체에서 취할 수 있는 가장 명료하고 단순한 형태는 결국 기하학적일 수밖에 없고, 이는 결국 사물의 정수를 화면에 그려내고자 한 '추상화'의 발전을 유도했다.

구와 원통 등의 형태로 이루어진 〈목욕하는 사람들〉은 우리가 떠올릴 수 있는 말랑말랑하고 달콤하기까지 한 '살결'의 색을 벗어나 있다. 그들의 신체는 대기의 푸르름에 잔뜩 물들어 있다. 아마도 멀리서 그들이 목욕하는 현장을 물끄러미 바라본다면 대체로 세잔이 그린 것처럼, 인체는 둥글고 길고 짧은, 단순하지만 가장 본질이 되는 형태로 파악될 것이다. 또 그날 그곳을 감싸던 빛과 그 빛이 빚어낸 색으로 전체의 분위기를 읽을 것이다.

고갱 그리고 고흐

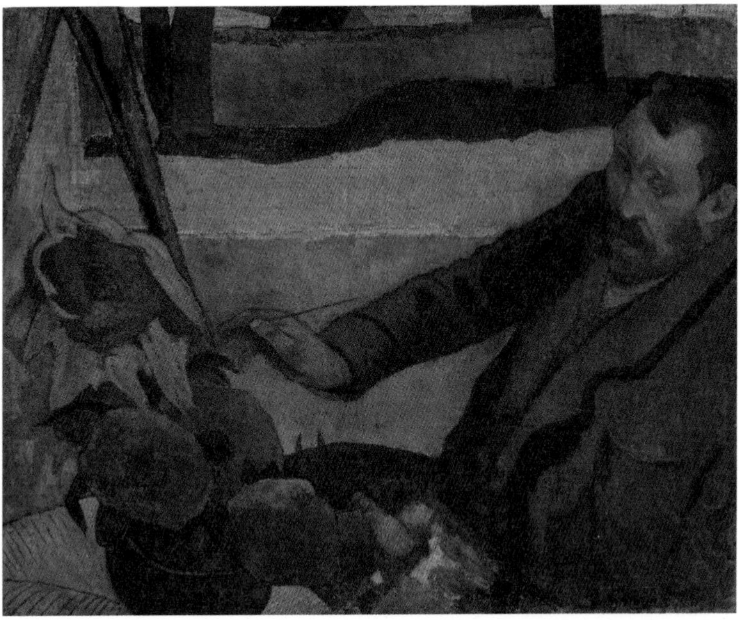

폴 고갱 〈해바라기를 그리는 고흐〉
캔버스에 유채, 73×91㎝, 1888년, 반 고흐 미술관, 암스테르담

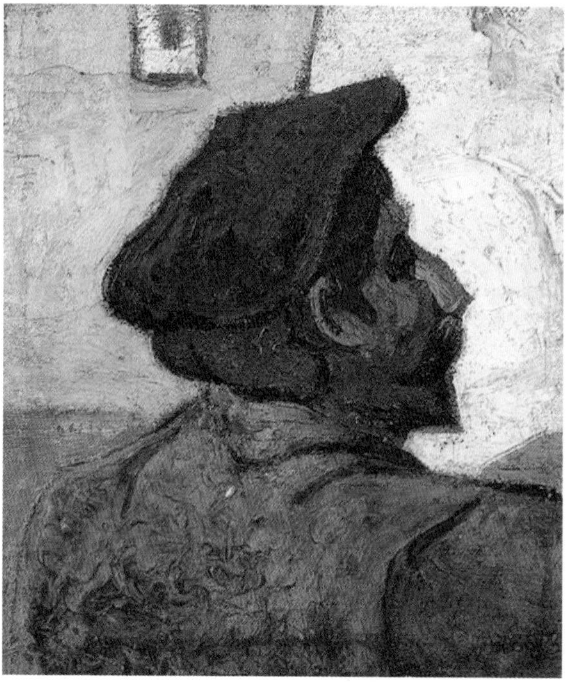

빈센트 반 고흐 〈빨간 베레를 쓴 고갱〉
삼베에 유채, 37×33㎝, 1888년, 반 고흐 미술관, 암스테르담

소설 《달과 6펜스》의 모델이었던 폴 고갱Paul Gauguin, 1848~1903은 취미로 그림을 배우다 전업 화가가 된 입지전적인 인물이다. 파리에서 태어나 외가인 페루에서 유년기를 보낸 그는 유럽으로 돌아와 증권사의 직원으로 일했고, 덴마크 출신의 여인을 아내로 맞아 아이를 다섯 둔 평범한 중산층으로 살았다. 그러나 1883년 그는 재정 위기로 실직한 뒤 본격적인 화가의 삶을 결심한다. 이를 탐탁지 않아 하던 아내가 자신의 고국으로 떠나버린 뒤 그는 브르타뉴의 퐁타방 지방에 한동안 머물며 동료들과 함께 예술가 마을을 이루고 작업에 전념했다. 이후 서인도 제도의 마르티니크 섬, 고흐가 머물던 아를 등을 거쳐 남태평양의 타히티 등을 전전하며 살았다. 1895년의 두 번째 타히티 방문은 파리에서의 생활 혹은 문명인으로서의 생활을 완전히 접은 뒤의 정식 이주로, 죽는 날까지 그곳에 머물렀다.

빈센트 반 고흐Vincent van Gogh, 1853~1890는 네덜란드 출신으로 엄격한 목사 아버지 밑에서 성장했으며 삼촌이 운영하는 화랑에서 중개상인으로 일했다. 목사가 되겠다고 결심했지만 여의치 않았고, 가족이 반대하는 연애 사건에 몇 번 휘말리며 불화를 겪다 화가가 되기로 마음먹었다. 그는 벨기에와 파리를 거쳐 아를과 생레미, 오베르쉬르우아즈 등 프랑스 시골 마을을 전전하며 화가 생활을 이어갔다. 집착과 광기가 가득한 열정을 불태울 유일한 대상이었던 그림은 때로 그를 일어서게 하는 동력이었지만, 대중의 몰이해, 경제적 궁핍, 자신감 상실 등으로 이어지면서 오히려 그의 정신세계를 황폐하게 만들기도 했다.

1886년, 고갱은 파리에서 테오와 빈센트 반 고흐 형제를 만났다. 고흐는 고갱이 퐁타방에 머무는 동안 그린 색다른 경향의 그림에 크게 매료되었고, 테오 역시 고갱의 작품 다수를 위탁 판매하기로 결정했다. 이후 고흐는 파리 생활에 염증을 느끼고 아를로 떠나는데, 퐁타방에서처럼 아를에서도 예술가 공동체가 이루어지기를 꿈꾸며 고갱을 불러들였다.

주저하던 고갱은 그 제안을 받아들여 1888년 10월부터 크리스마스 이브까지 약 9주를 머물렀다. 그러나 자만심 강하고 다소 독선적인 고갱과 매사에 병적으로 집착하고 우울증 증세를 보이는 고흐의 동거는 결국 비극으로 끝났다.

고갱은 아를을 떠났고 간헐적으로 형식적인 서신을 교환했지만, 만남으로 이어지지는 않았다. 고갱은 죽기 전 고흐와 자신의 아를 생활을 회고하며 "우리 둘에 대해 말하자면 하나는 끓어오르는 화산 같았고, 다른 하나는 안으로 소용돌이치는 존재였다. 어떻게 보면 싸움은 이미 준비되어 있었다."라고 말했다.

빈센트 반 고흐

론 강의 별이 빛나는 밤

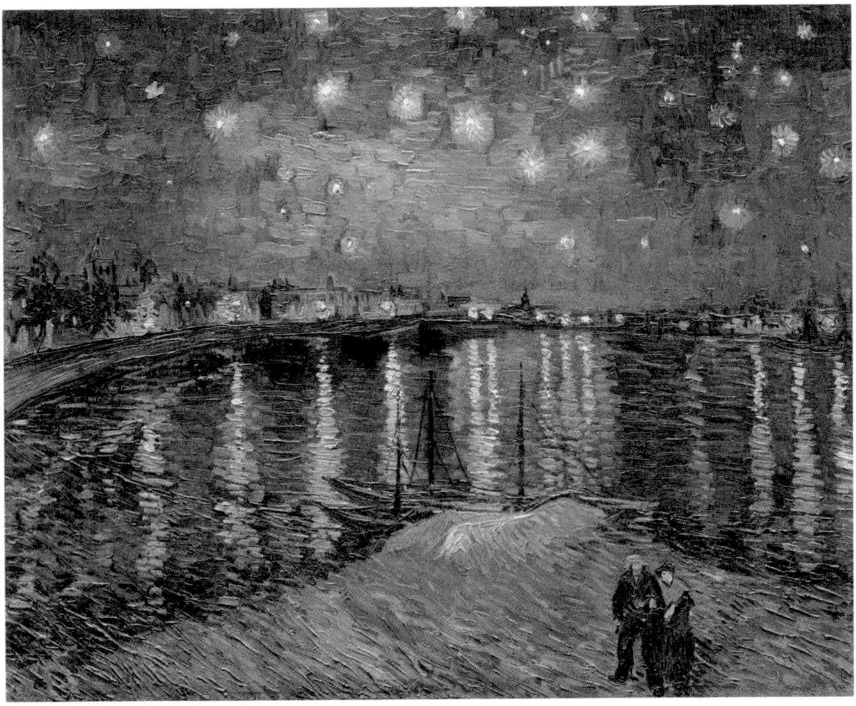

캔버스에 유채
72.5×92㎝
1888년

파리를 떠나 아를에 도착한 고흐는 론 강의 밤 풍경에 깊이 매료되었고, 칠흑 같은 어둠을 파랑으로 잡아냈다. 반짝이는 별과 강 건너 마을의 불빛이 선명한 노란색으로 그의 거친 붓질을 따라 론 강을 적시고 낮은 언덕 위에까지 그 흔적을 드리우고 있다. 넓게 칠해진 짙은 파랑의 밤하늘에는 얼마 남지 않은 삶의 마지막 불꽃처럼 별이 빛난다. 별의 중앙은 그 짙음을 호소라도 하듯 흰색 물감으로 덩어리져 있다.

고흐는 물감을 튜브째로 화면 위에 짜 바르거나, 즉흥적으로 거칠고 두텁게 붓질을 한 뒤 붓자루나 나이프 등으로 긁어내는 방법을 자주 사용했다. 울퉁불퉁해진 화면은 그의 삶처럼 강렬하고 질곡이 많아 보인다. 연인처럼 보이는 두 인물이 그림이 아니라 마치 부조처럼 보이는 것도 바로 이 기법 덕분이다.

고흐의 풍경화는 이처럼 자연과 대상의 사실적인 묘사와는 상당히 거리가 멀다. 대상의 풍경이 아니라 자기 마음속 풍경이라고 할 수 있다. 자신의 삶을 따라다니는 고통, 격정, 분노 등을 모두 대상 속에 잔뜩 이입시킨 채 그렸다. 그로 인해 우리는 그림을 보면서 한 화가의 '마음'의 상태까지 읽어낼 수 있다. 따라서 그의 그림은 인상주의Impressionnisme 그림처럼 '내 눈 안으로 들어오는(im) 대상의 모습을 그리는(press) 것'이 아니라 '자신 안의 심정과 심리를 그림이라는 외부 세계로(ex) 표출시키고(press)' 있다는 점에서 훗날 표현주의Expressionnisme 미술의 발전에 상당 부분 영향을 미쳤다.

빈센트 반 고흐

아를에 있는 고흐의 방

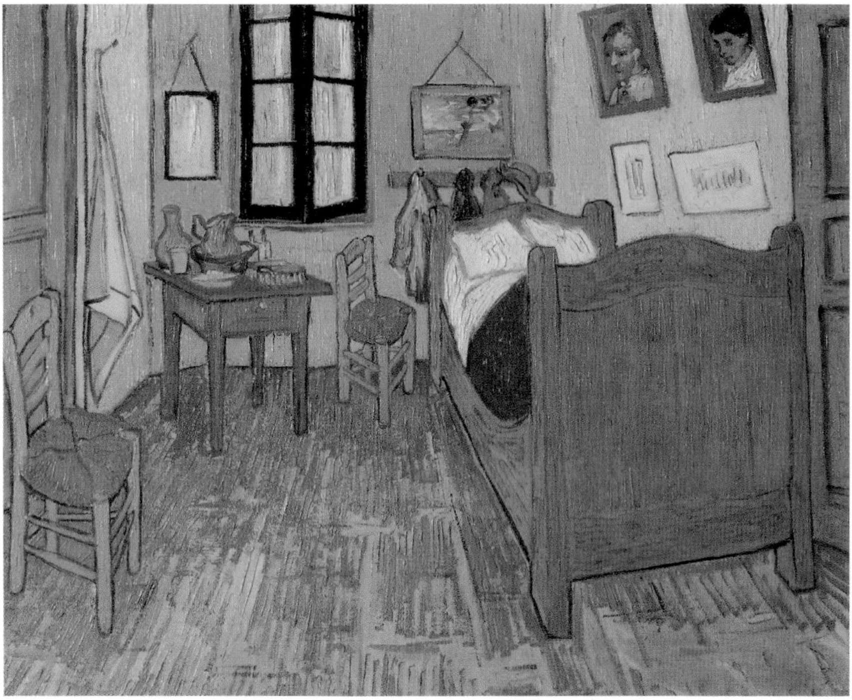

캔버스에 유채
57.5×74㎝
1889년

아를에서 고흐는 '노란 집'이라고 부르는 소박한 집에서 생활했다. 고갱이 올 것이라는 소식을 들은 고흐는 들뜬 마음으로 자신의 방을 정리했고, 기념 삼아 자신의 방을 그리기 시작했다. 그는 이 그림을 고갱이 도착하기 전에 한번, 그리고 고갱과 함께 머물면서 그렸다. 오르세 미술관의 작품은 어머니와 누이동생에게 보내기 위해 입원해있던 생레미의 생폴 정신병원에서 그린 것이다.

이 그림도 물감 덩어리의 질감이 그대로 느껴질 듯 거칠고 두꺼운 채색이 특징이다. 선명한 원색과 단순화된 방 안의 기물은 정확하지 않은 원근법 때문에 일견 평정심을 잃고 있다. 그림과 관련하여 테오에게 보낸 편지에서 그는 "단순하게 하여 색채가 사물에 더 많은 스타일을 부여할 수 있다."고 설명했는데, 이는 그가 형태의 자연스러움이나 현실감이 돋보이는 공간의 조화보다는 색채가 불러일으키는 정서에 집착했음을 보여준다.

고흐의 그림이 대부분 그렇지만, 이 작품 또한 그림 속 대상을 입체적으로 보이게 하는 음영 묘사가 생략되었다. 이는 일본 판화 우키요에로부터 받은 영향이라 할 수 있다. 그는 테오에게 "화면의 전체적인 구성과 각각의 사물은 평온한 인상을 줄 것이다."라고 말했지만, 거친 붓질과 일그러진 원근법, 왜곡된 형태, 지나치게 밝고 선명한 원색 때문에 그가 말하는 평온보다는 불안하고 억눌린, 그리하여 폭발 직전에 놓인 화가의 심리 상태가 오히려 도드라진다.

빈센트 반 고흐

자화상

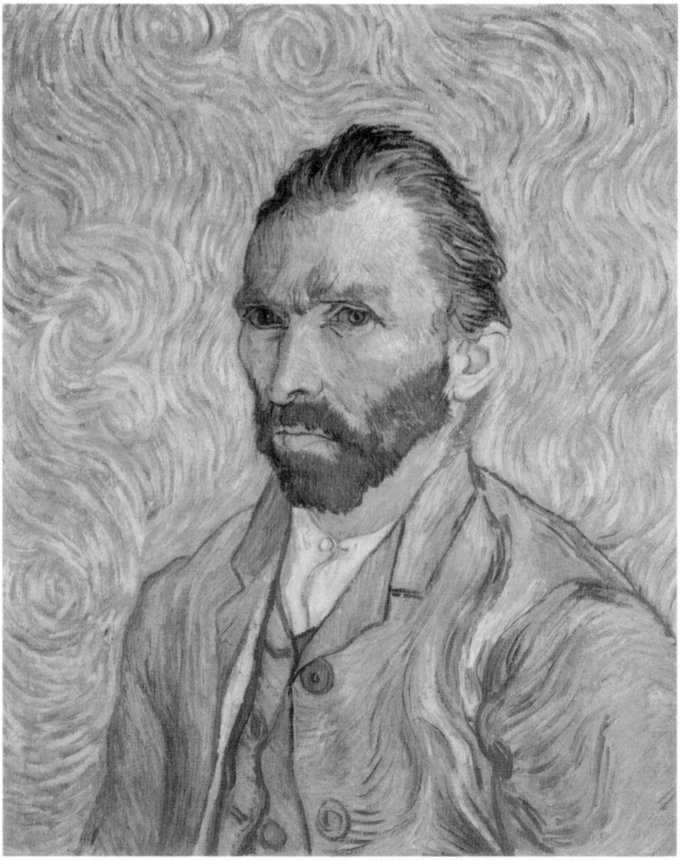

캔버스에 유채
65×54.5㎝
1889년

고흐는 10여 년간 40점 이상의 자화상을 그렸다. 평생 대중과 평단의 몰이해 속에서 살았던 고흐의 인물화는 모델료를 지불하며 그림을 그리거나 누군가의 주문을 받고 그린다기보다는, 그저 자신을 따뜻하게 이해하고 보살펴준 이들을 위한 선물용 그림이나 자화상 정도에 그쳤다. 이 작품은 고흐가 고갱과 지내던 아를 생활을 청산하고, 발작과 광기 등의 병을 고치기 위해 입원한 생레미의 생폴드모졸 요양병원에서 그린 그림이다. 생레미 시절 고흐는 그림 때문에 미친 것인지 그림을 그려서 덜 미칠 수 있었는지 모를 정도로, 그야말로 광적으로 작업에 매달렸다. 그 시절 고흐가 그린 자화상만도 여섯 점에 이른다.

작품 속 그는 평소와 다르게 단정한 정장 차림을 하고 있다. 그러나 그는 병세가 신통치 않다는 사실을 강조라도 하듯, 더할 나위 없이 창백하고 수척한 얼굴로 자신을 표현했다. 잔뜩 찌푸린 미간과 긴장감 가득한 눈동자는 잦은 발작에 시달린 자신의 불안한 정서를 고스란히 담고 있다.

고흐는 머리카락과 수염을 제외한 대부분을 파랑과 초록의 구불구불한 선으로 마감했다. 덕분에 오렌지색의 수염과 머리카락이 훨씬 더 강조되어 보인다. 물결치는 듯한, 혹은 소용돌이 같은 이 곡선은 생레미에 머물던 시기부터 자주 그의 화면에 나타나기 시작했다. 동생 테오에게 보낸 편지에서 "자화상은 일종의 자기고백과 같은 거야."라고 말한 바대로, 그의 〈자화상〉은 그저 겉모습을 충실히 묘사하기 위해서가 아니라 내부에서 솟구치는 발작 같은 그 무엇, 즉 불안하고 고통스러운 자신의 정신세계를 반영한 것으로 볼 수 있다.

빈센트 반 고흐

폴 가셰의 초상화

빈센트 반 고흐

오베르쉬르우아즈 성당

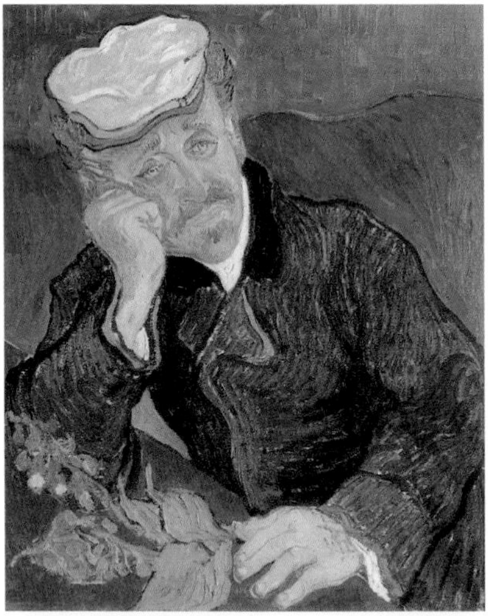

캔버스에 유채
68×57㎝
1890년

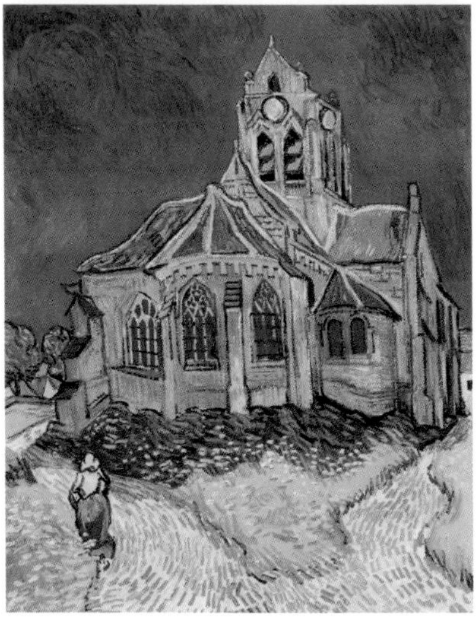

캔버스에 유채
94×74.5㎝
1890년

생레미의 요양병원에서 퇴원한 고흐가 다음 거처로 오베르쉬르우아즈를 택한 것은 그곳에 정신과 의사 폴 가셰Paul Gachet, 1828~1909가 살고 있다는 점이 큰 역할을 했다. 가셰 박사는 의사이자 예술애호가로 아마추어 화가이기도 했다. 가셰 박사는 고흐의 정신건강을 위해 그림에 매진하는 것이 더 좋겠다고 조언했다. 그 때문인지 오베르쉬르우아즈에 머물던 5월 중순부터 7월 하순까지 고흐는 100여 점의 작품을 완성했다.

〈폴 가셰의 초상화〉에 그려진 박사의 표정은 다소 슬프고 우울하다. 그 자신이 정신과 의사였지만, 아내와의 사별 이후 우울증을 앓고 있었기 때문이다. 고흐는 특유의 구불거리는 선으로 그의 모습을 담았다. 파란 배경에 짙은 파란색 옷을 입은 박사는 붉은색 탁자와 강한 대비를 이루고 있다. 탁자 위에는 디기탈리스라는 약초가 놓여 있다. 이 약초는 간질이나 우울증 치료에 쓰이는 것으로 가셰 박사의 직업을 환기시킨다.

〈오베르쉬르우아즈 성당〉은 13세기 초 고딕 양식으로 지어진 성당으로 오베르쉬르우아즈를 대표하는 건물 중 하나이다. 고흐는 당시 유행하던 인상파 화풍처럼 빛과 색에 의한 한순간의 인상을 잡아내려 하기보다는 교회를 바라보는 자신의 심리를 투사한 듯 붓질을 때론 가볍게, 때론 묵직하게, 때론 긴 선으로, 때론 짤막한 선으로 이어가며 강렬한 색을 대조시켰다. 견고한 건축물을 구불거리는 곡선으로 처리한 탓에 현실감을 완전히 잃은 채 환각 증세에 시달리는 환자의 눈으로 본 것처럼 그려진 이 성당은 아직도 수많은 관광객의 눈길을 사로잡고 있다.

폴 고갱

황색 그리스도가 있는 자화상

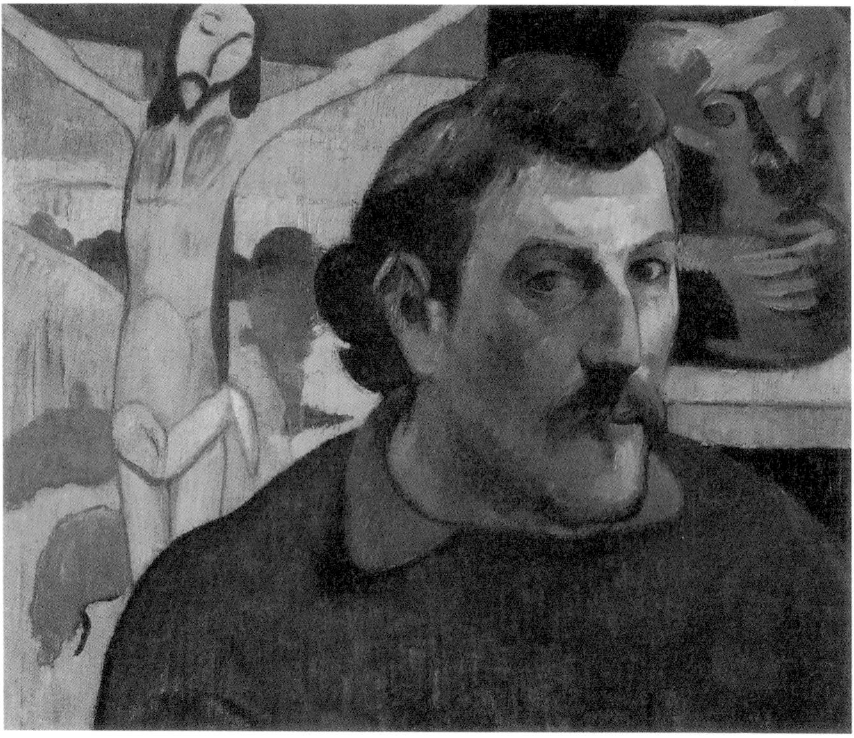

캔버스에 유채
38×46㎝
1890~1891년

폴 고갱이 1891년 타히티로 떠나기 전 머물던 브르타뉴에서 그린 자화상으로, 자신이 곧 머무를 타히티의 원주민처럼 원시적인 건강미가 듬뿍 넘치는 모습이다. 고갱은 자신의 작품을 배경으로 앉아 있다. 왼쪽은 1889년에 완성했던 〈황색 그리스도〉[9]로 거울을 보고 작업한 탓에 원래 그림과 좌우가 바뀌었다. 오른쪽에는 〈그로테스크한 자화상〉[10]이라는 작품이 보인다.

고갱은 인상주의처럼 세상의 외면을 '눈에 보이는 대로' 그려내는 것에서 벗어나 가시적인 것 이상의 것, 초월적인 것, 그리하여 우리의 상상으로만 닿을 수 있는 어떤 지점을 그리고자 했다. 대상의 외형을 화면에 고스란히 재현하겠다는 자연주의로부터 벗어나면서 그가 구사하는 색채와 형태는 해방이라도 된 듯 여러 원칙을 벗어나기 시작한다. 그림 속 〈황색 그리스도〉는 일본 판화처럼 지극히 단순화된 형태에 선연한 노란색으로 칠해져 있어서, 형태와 색채가 고갱의 의도에 의해 상당 부분 왜곡되어 있음을 알 수 있다.

〈황색 그리스도〉를 자신의 자화상 배경으로 사용한 것은 죽음으로 인류를 구원한 예수와 자신의 안락을 모두 희생하고 예술에 몸담은 자신을 동일시하는 고갱의 예술가적 자부심에 의한 것으로 해석할 수 있다. 그러면서도 욕망에 충실한 원시적인 인간의 모습을 표현하기 위해 〈그로테스크한 자화상〉을 함께 배치했다. 이 두상 모양의 물 주전자는 그가 자신의 얼굴을 마치 '어둠의 자식'처럼 표현한 도자기 작품이었다. 말하자면 〈황색 그리스도가 있는 자화상〉은 자신의 거룩하리만큼 숭고한 예술가로서의 모습과 원초적이고 욕망에 충실한 모습을 반영한 것이라 할 수 있다.

퐁타방의 화가들

1886년, 화단의 풍운아였던 고갱은 생활비가 싸고 풍광 좋기로 소문난 브르타뉴의 퐁타방으로 거처를 옮겼다. 고갱은 이곳을 찾아온 여러 화가와 어울리며 자신의 독특한 화풍을 설파했고, 이윽고 자신을 추종하는 무리와 함께 이른바 '퐁타방파École de Pont-Aven'를 결성하기에 이르렀다.

이들 퐁타방파 화가는 1889년에 자신들을 '인상주의적이고 종합주의적인 그룹'이라고 소개하면서 파리의 한 카페에서 전시회를 열었다. '인상주의적이고' 라는 말을 덧붙이긴 했지만 이들은 대상의 겉모습을 눈에 닿는 대로 좇아 그리는 인상주의를 이미 넘어서 있었다. 그들은 화가 개개인의 주관적인 심상, 특히 해석하기 어려운 모호한 상상을 화면에 펼쳐 보이고자 했다. 인상파 시절에 자잘한 붓질로 해체시킨 색채를 다시 '종합'했다는 점에서, 또 한편으로는 선과 면이라는 객관적인 형태에 화가 개개인의 주관적인 상상이라는 주제를 '종합'했다는 점에서 이들은 자신들이 추구하는 새로운 미술 세계를 '종합주의'라 불렀다.

이들은 형태를 세부적으로 꼼꼼하게 묘사하기보다는 전체적으로 단순화시켜 선명하고 짙은 윤곽선으로 표현했고, 나아가 하늘은 파란색, 나무는 초록색 등의 자연색 개념을 미련 없이 버리기 시작했다. 짙은 윤곽선에 명암이 사라진 지극히 장식적인 넓은 색면은 얼핏 중세시대 스테인드글라스를 연상시키는데, 이는 금속 표면 위에 에나멜을 입히는 칠보기법cloisonner과도 비슷해 '클루아조니슴cloisonnisme'이라고도 불린다. 샤를 라발, 에밀 베르나르, 폴 세뤼시에 등이 고갱을 따른 대표적인 인물이다.

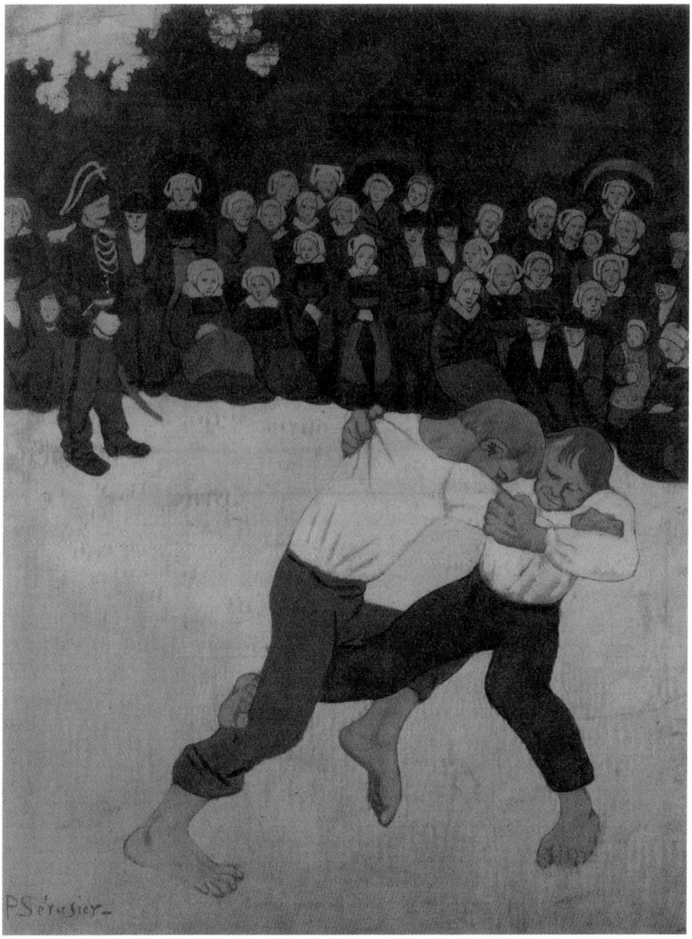

폴 세뤼시에 〈브르통의 레슬링〉

캔버스에 유채, 92×73㎝, 1890~1891년, 오르세 미술관, 파리

폴 고갱

브르타뉴의 아낙네들

폴 고갱

브르타뉴 풍경

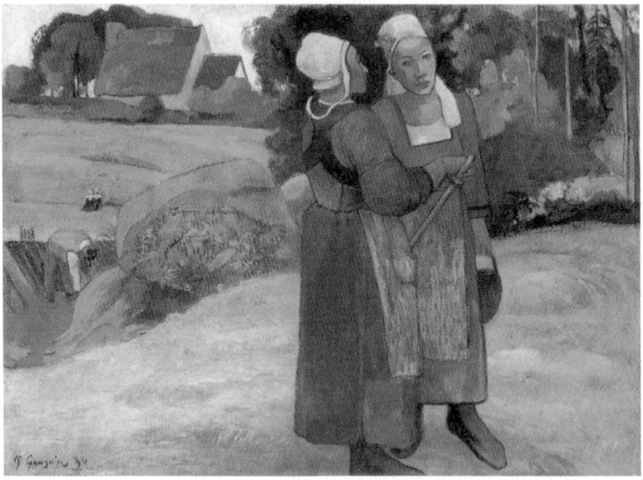

캔버스에 유채
66×92.5㎝
1894년

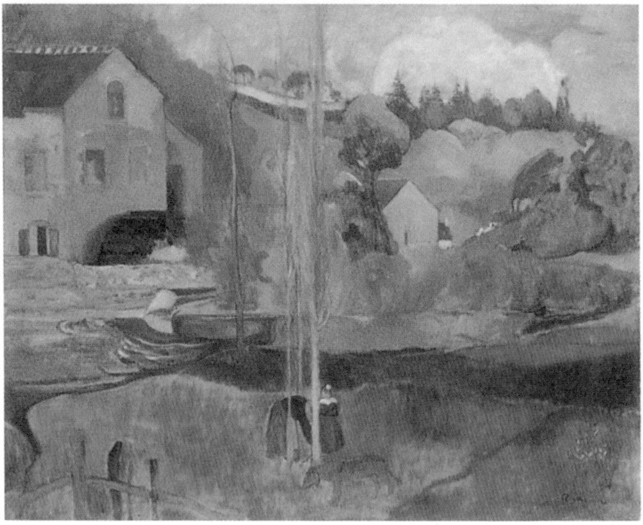

캔버스에 유채
73×92㎝
1894년

고갱은 고흐와 함께 지내던 아를을 떠나 파리로 돌아왔다가 브르타뉴의 퐁타방으로 거처를 옮겼고, 이어서 타히티로 떠났다. 그러나 경비 문제 등으로 약 2년 간의 타히티 생활을 청산한 뒤 1893년 다시 파리로 돌아와야 했다. 그는 베르킨게토릭스 거리에 작업실을 열었고, 이듬해 자바 출신의 여인 안나와 함께 퐁타방으로 돌아갔다. 〈브르타뉴의 아낙네들〉과 〈브르타뉴 풍경〉 같은 작품은 이 시기에 완성된 것이다.

〈브르타뉴의 아낙네들〉은 타히티에서 보낸 시간을 추억이라도 하듯이 시골 아낙을 프랑스인이라기보다는 오세아니아 원주민에 가까운 모습으로 그렸다. 단순하고 평평한 화면과 선명한 윤곽선은 고갱 특유의 화법이다. 한편 〈브르타뉴 풍경〉은 환상적이고 신비로운 그리고 선연하게 아름다운 색이 압도하고 있어 실제 자연색에서 많이 벗어나 있다. 화면 앞쪽의 여인들은 원근법을 벗어나 있어 지나치게 작게 그려져 있는데 이 때문에 오히려 꿈속의 장면처럼 느껴진다.

타히티에서 돌아와 퐁타방에 머무는 동안 고갱의 삶은 그다지 녹록하지 않았다. 자바 출신의 흑인 안나를 마녀라고 비웃으며 놀리는 퐁타방의 선원들과 패싸움을 벌이다 발목 골절상을 입은 그는 한동안 침대에 누워 지내야 했다. 그 와중에 안나는 모르핀과 알코올에 집착하는 고갱과 자주 언쟁을 벌이다 파리로 떠나버렸다. 안나는 고갱과 함께 지내던 베르킨게토릭스의 작업실에서 값나가는 물건을 싹쓸이한 다음 자취를 감추었다. 화가들 사이에서는 존경을 한 몸에 받았지만 불규칙한 수입이 생활을 위협했고 자괴감과 배신감에 휩싸이기까지 한 고갱은 그 후 자신의 모든 것을 정리하고 영원히 타히티로 떠날 결심을 한다.

폴 고갱

타히티의 여인들

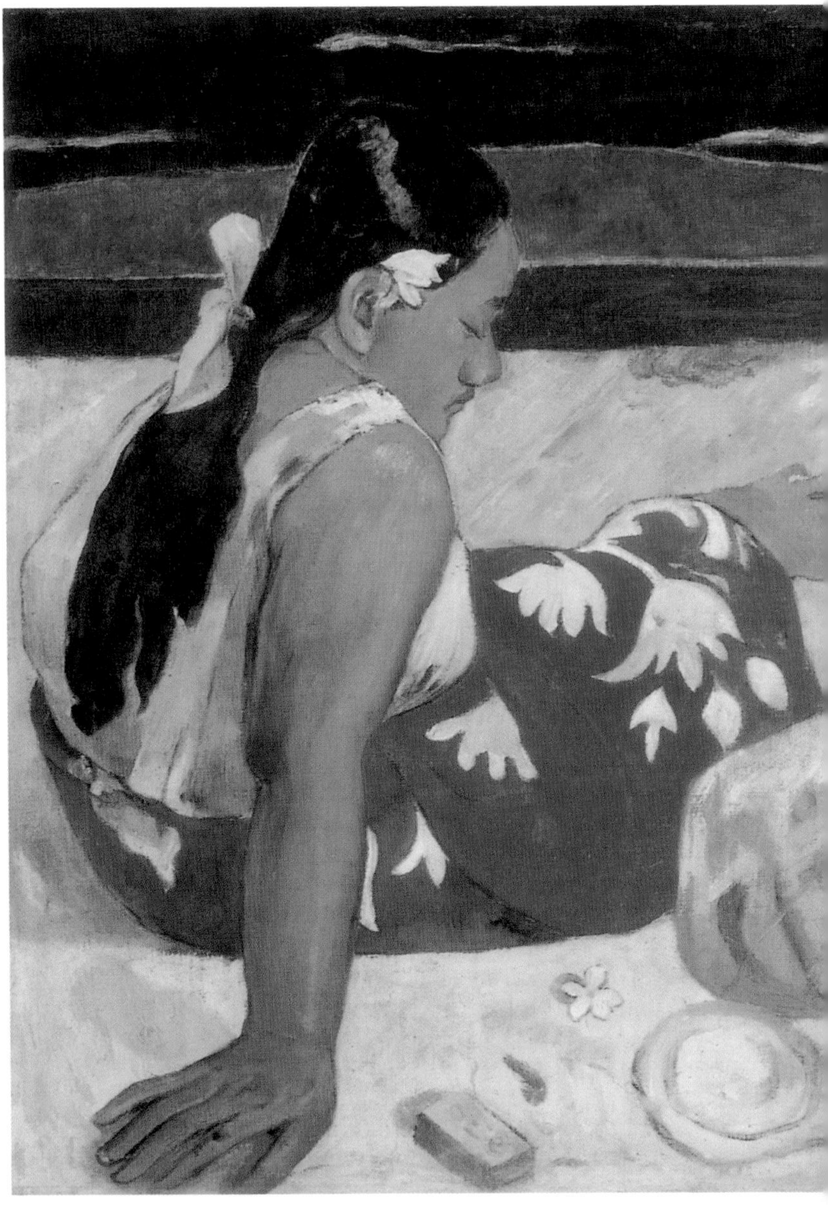

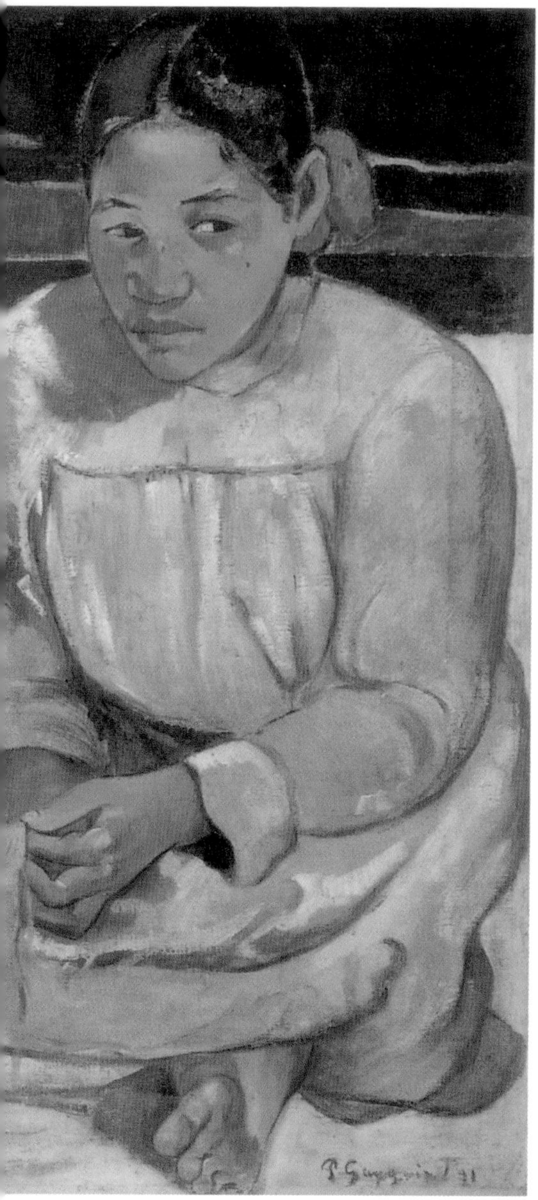

캔버스에 유채
69×91.5㎝
1891년

폴 고갱

하얀 말

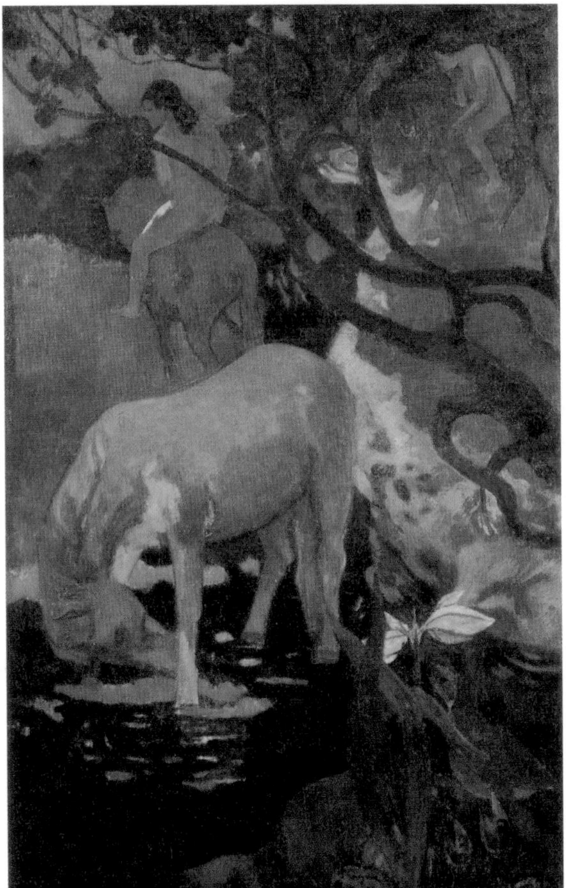

캔버스에 유채
140×91.5㎝
1898년

1891년 고갱이 처음 도착했을 때의 타히티는 진부한 서양 문화를 벗어난, 새롭고 독창적인 영감을 줄 수 있는 원시 그 자체가 아니었다. 이곳 역시 이미 여러 해 동안 영국의 식민 치하에 놓여 문명의 이기를 듬뿍 취하고 있었다.

〈타히티의 여인들〉에는 타히티 전통 의상을 입은 왼쪽의 여성과 서양의 선교사 중 누군가가 가져온 게 분명한 분홍빛 원피스의 여성이 대조를 이루고 있다. 전통 의상은 속살을 편히 드러내 보이는 데 비해 분홍 원피스는 몸을 가릴 수 있을 만큼 가리고 있다. 원시와 문명의 충돌처럼 보이는 이 두 사람의 표정은 생기를 잃고 우울함이 감돈다. 지극히 화려한 색상과 검붉은 구릿빛 피부, 자연색을 벗어난 배경의 평면적인 바다는 고갱 특유의 화법이라 할 수 있다. 분홍빛 원피스를 입은 소녀는 고갱이 타히티를 처음 방문해 머무는 동안 그의 연인이었고, 당시 열네 살이었다.

〈하얀 말〉은 두 번째이자 삶의 마지막까지 머물던 타히티의 북서쪽 마을에서 그린 그림이다. 이 작품은 마을의 약사가 주문하여 제작했지만, 막상 그림이 완성되자 도저히 제대로 그린 것처럼 보이지 않는다며 거절한 것으로 알려져 있다. 그도 그럴 것이 제목은 '하얀 말'이지만 초록빛이 더 강한 말을 보는 것부터 이상했을 것이다. 이는 고갱이 대상의 자연색을 사용하지 않고, 오로지 자신의 환상과 심리 그리고 색과 색의 조화를 위해서만 물감을 선택했기 때문이다. 눈에 보이는 세계가 아니라 저 너머 아득한 그 무엇인가를 은근히 암시하는 이 독특한 그림은 같은 화가들 사이에서도 난해하고 도전적인 작품으로 여겨졌다.

폴 세뤼시에

부적

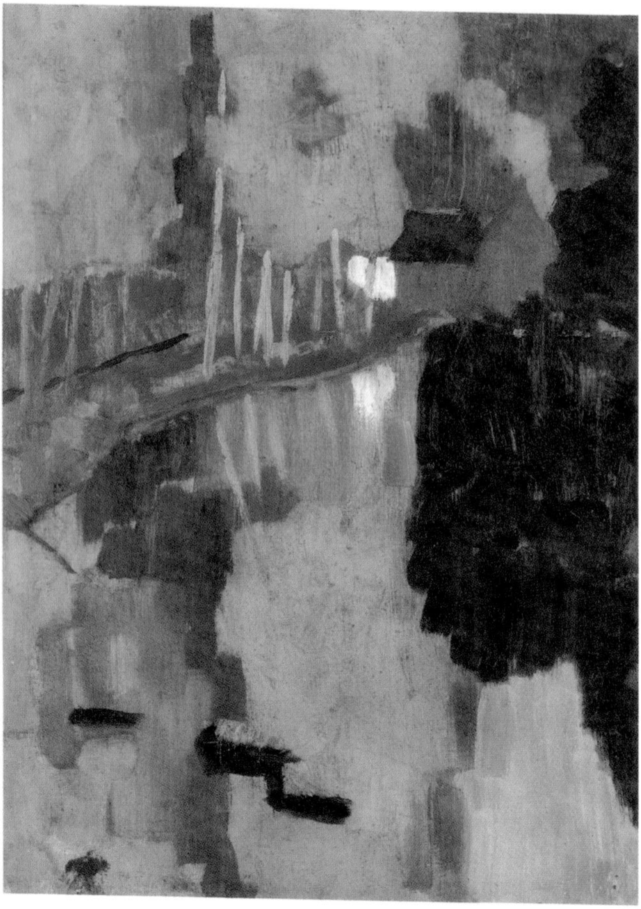

목판에 유채
27×21.5㎝
1888년

폴 세뤼시에Paul Sérusier, 1864~1927는 1888년 여름 퐁타방에 합류했다. 그의 〈부적〉은 원래 '퐁타방, 사랑의 숲속의 우물'이라는 제목으로 그려졌다. 그러나 이 그림은 단순히 자연의 참모습을 화면으로 옮기는 일반적인 의미의 풍경화와 상당한 거리를 두고 있다. 큰 얼룩처럼 이어진 색면은 대체 무엇을 그린 것인지 형태조차 파악하기 힘들다. 한참을 들여다봐야 그저 길의 느낌, 숲, 줄지어 선 나무의 윤곽이 보일 뿐이다.

고갱은 세뤼시에에게 이 나무가 초록으로 보인다면 "초록으로 칠하시오. 가장 순수한 초록으로."라고, 그림자가 약간 푸른색으로 보인다면 "팔레트에서 가장 순수한 파란색으로 그리시오."라고 주문했다. 결과물은 이처럼 선명한 색의 조합으로 이어졌다. 세뤼시에는 이런 방식에 따라 〈부적〉의 왼쪽 숲과 그 아래를 사선으로 가로지르는 길, 오른쪽의 제분소 건물까지를 단순화된 형태와 원색으로 평평하게 그려냈다.

퐁타방을 드나들던 화가이자 평론가인 모리스 드니는 이처럼 혁신적인 화풍을 두고 "회화란 전쟁터의 말이나 나체의 여인 또는 개인적인 일화를 그리기 이전에, 순수하게 근본적으로 일정한 질서에 의해 배열된 색채로 뒤덮인 평면이다."라고 말했다. 이는 오로지 형태와 색채의 조화로만 나아가는 추상화의 출현을 예언한 것이라 볼 수 있다. 세뤼시에는 파리로 돌아와 함께 공부하던 동료들에게 '퐁타방, 사랑의 숲속의 우물'을 보여주었고, 이 그림은 곧 상징주의 회화의 시작을 유도하는 일종의 '부적'이 되었다.

에밀 베르나르

사랑의 숲속의 마들렌

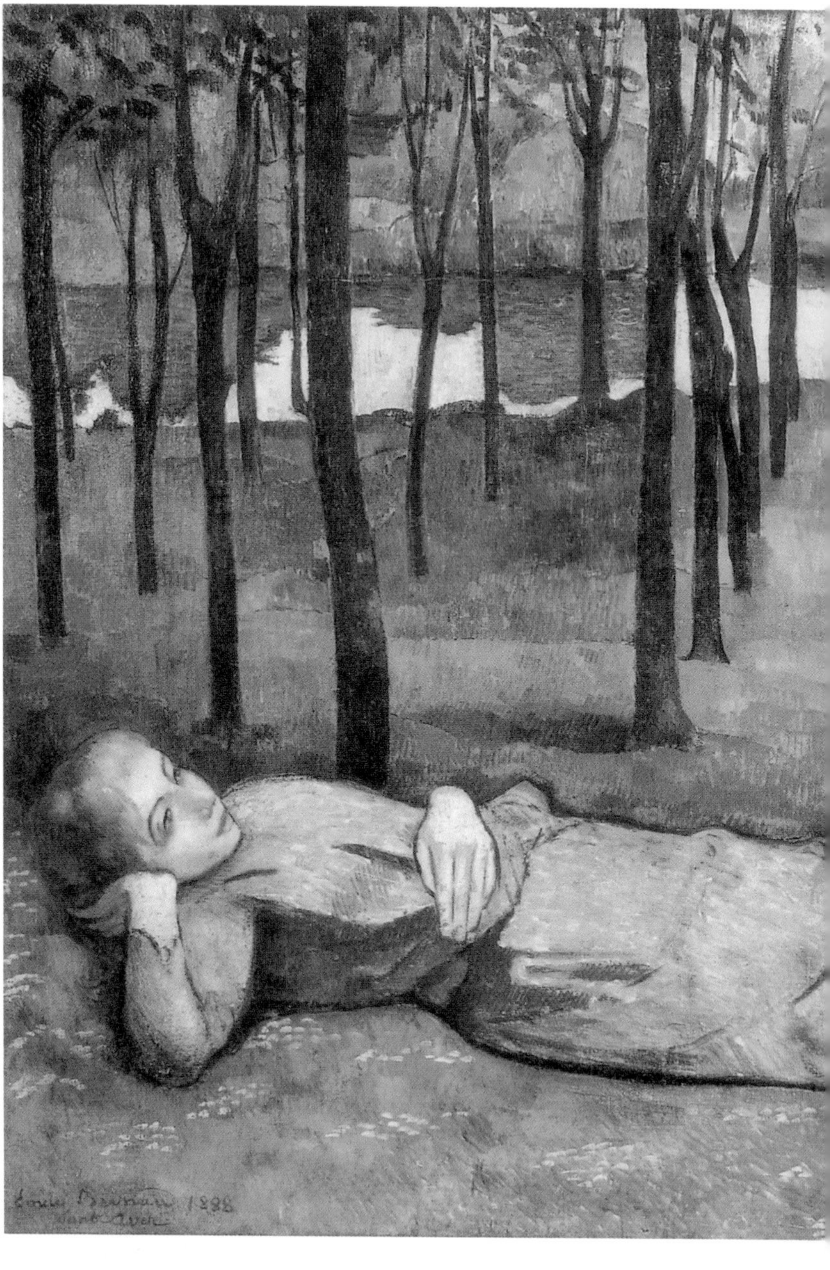

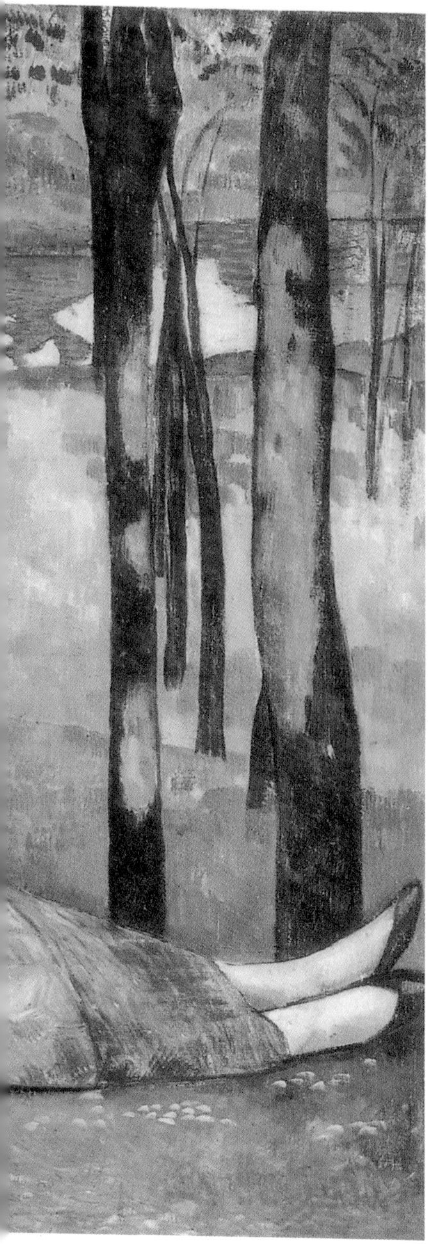

캔버스에 유채
138×163㎝
1888년

에밀 베르나르

추수, 일명 브르타뉴 풍경

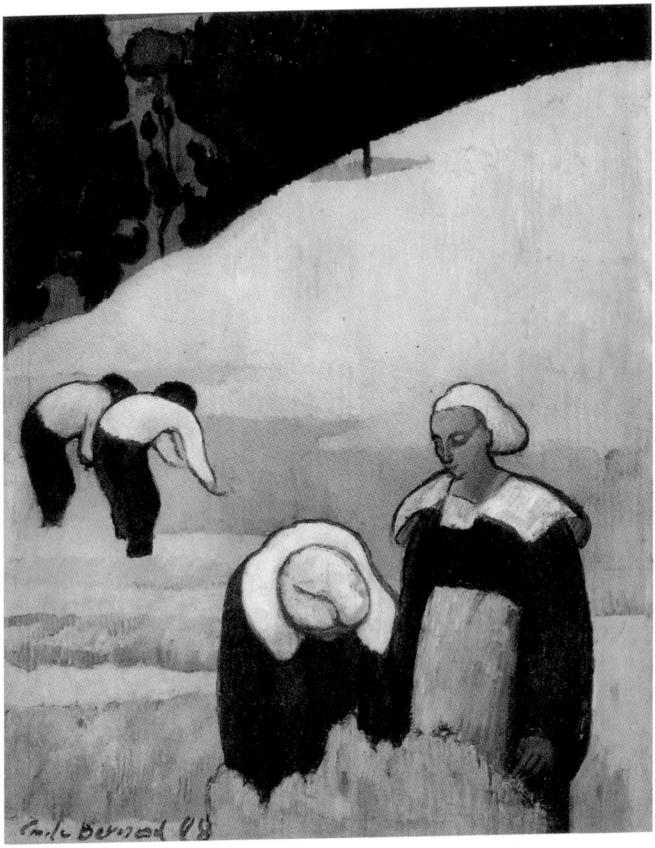

캔버스에 유채
56.5×45cm
1888년

에밀 베르나르Émile Bernard, 1868~1941는 스무 살이 되던 무렵 퐁타방으로 가 그곳에서 고갱과 함께 종합주의 미술을 탄생시키는 데 핵심적인 역할을 했다. 짙은 윤곽선 안에 밝고 순순한 색을 넓게 펼쳐 바르는 '클루아조니슴' 기법은 베르나르가 처음 시도한 것으로, 뚜렷한 자신만의 그림 세계를 확보하기 위해 전전긍긍하던 고갱에게는 그야말로 영감의 원천이었다.

그러나 대중에게는 그의 독특한 화풍이 이해 못할 그림으로 치부되었다. 1888년, 글로아네크 기숙사 식당 장식을 위해 크루아조니즘 기법으로 그린 〈추수, 일명 브르타뉴 풍경〉을 두고 학생들은 빵 조각을 던지며 야유했다. 그들은 다른 이의 '제대로 된' 작품을 원한다는 듯 유명한 화가들의 이름을 적은 쪽지를 작품 위에 붙여놓기도 했다. 결국 철거가 결정되자 베르나르는 돌려받은 그림을 고갱에게 선물로 건넸다.

〈사랑의 숲속의 마들렌〉은 베르나르의 동생 마들렌을 그린 것으로 그녀는 퐁타방 화가들에게 모델로 서주곤 했다. 심지어 유부남이었던 고갱까지 화가들의 마음을 설레게 하던 마들렌은 고갱의 제자, 샤를 라발[11]과 사랑에 빠져 약혼했다. 하지만 약혼자는 폐결핵으로 일찍 사망했고, 그녀 또한 약속이나 한 듯 일 년 뒤 같은 병으로 연인을 따라 떠났다.

마치 세상 것이 아닌 듯한, 한편으로는 '어여쁜 색의 돌덩이'처럼 묘사된 그녀의 몸은 무표정한 얼굴과 어우러지면서 화면 전체를 신비롭게 한다. 붉은 얼룩이 푸른 얼룩과 함께하는 땅, 그런 땅의 색을 다시 품고 서 있는 나무들은 베르나르가 대상을 순전히 자신의 주관적인 시선으로 바라보고 있음을 말한다.

고갱과 나비파

퐁타방 화가들이 선도한 종합주의는 '나비파Les Nabis'의 결성에 결정적인 역할을 했다. 히브리어인 'nabi'는 '예언가'라는 뜻을 가지고 있다. 나비파는 당시 서구 지식인 사이에 유행하던 상징주의(182~187쪽 참조) 사상에 큰 영향을 받았다. 상징주의는 1880년대 후반에 프랑스에서 일어난 시 중심의 문학운동에서 비롯된다. 상징주의자들은 르네상스 이후 서양 문화의 기본이 된 과학적이고 실용적이며 합리적인 사고에 반발하여 정신성, 그중에서도 신비롭고 모호한 꿈의 세계나 개인의 상상, 감정 등을 중요시하는 세계관을 확장시키려 했다.

합리라는 이름으로 인간을 억압하는 부패한 사회상에 대한 환멸은 상징주의자들로 하여금 죽음, 성, 악마주의 등에 대한 집착과 퇴폐주의에 집착하게 했다. 상징주의를 추구하는 미술가들은 억눌린 인간의 내면, 즉 감정을 신비로운 색채로 표현해 내려 했다. 따라서 이들의 작품은 대부분 논리적이라기보다는 꿈이나 몽상처럼 비합리적인 요소가 다분하며 신화적이고 신비주의적인 주제를 담고 있다.

상징주의 미술가들은 대상을 있는 그대로, 혹은 보이는 그대로 베껴 내는 따분한 자연주의에서 벗어나 원근법이나 비례감 등을 완전히 무시하곤 했으며, 색채 또한 화가의 주관에 의해 마음 내키는 대로 조작하기 일쑤였다. 말하자면 대상(물질)을 그린다기보다는 대상이 가지고 있는 신비로운 속성(관념), 즉 내면의 세계를 그리고자 한 것으로 볼 수 있다. 신비로운 세계를 추구하는 상징주의자들은 고갱의 종합주의를 존경했다. 따라서 고갱의 굵은 외곽선, 단순화된 형태, 명암과 양감이 거의 사라져 평평하게 펼쳐진 색면 등을 특징으로 하는 클루아조니슴에 열광했다.

나비파는 1891년에 '인상주의 및 상징주의 회화전'을 열면서 본격적으로 활동했다. 토요일마다 폴 랑송의 화실에서 모임을 가졌던 그들은 그곳을 '사원'으로, 그

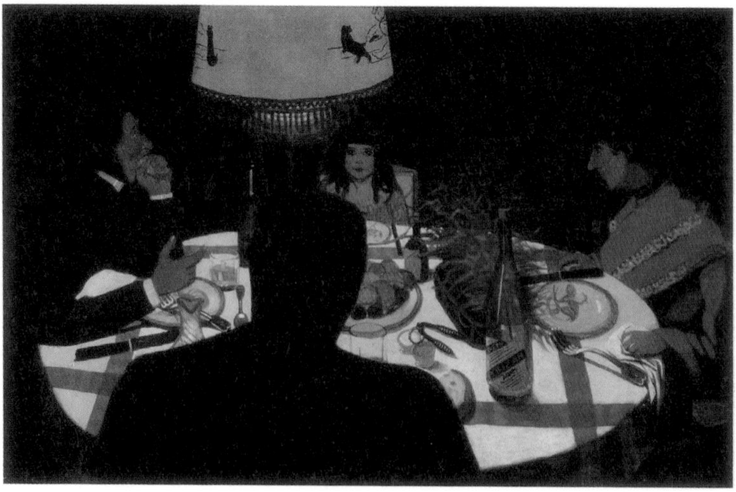

펠릭스 발로통 〈램프가 있는 저녁식사〉
캔버스에 유채, 57×89.5㎝, 1899년, 오르세 미술관, 파리

리고 서로를 '나비'라고 부르면서 유대교의 신비주의를 연상케 하는 언어를 사용하고 예복까지 갖추어 입는 등의 기행도 서슴지 않았다.

에두아르 뷔야르

잠

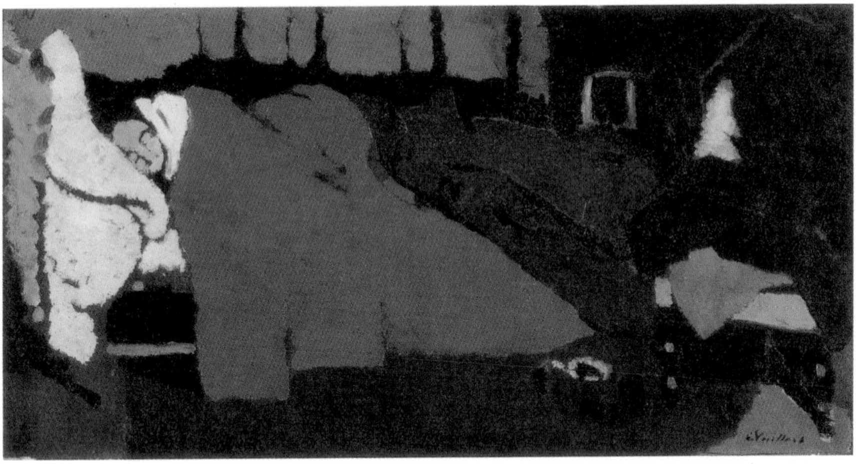

캔버스에 유채
33×64.5㎝
1891년경

에두아르 뷔야르

식사 후

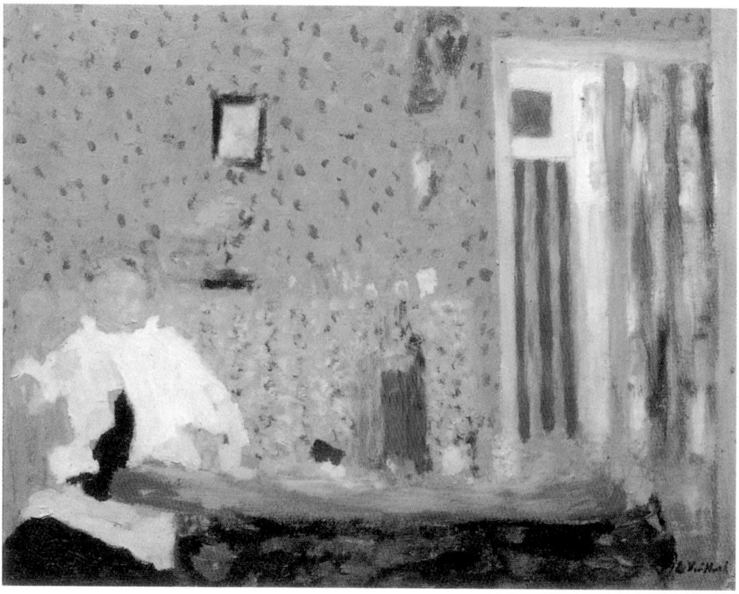

종이에 유채
28×36㎝
1890~1898년

에두아르 뷔야르

리넨 옷장

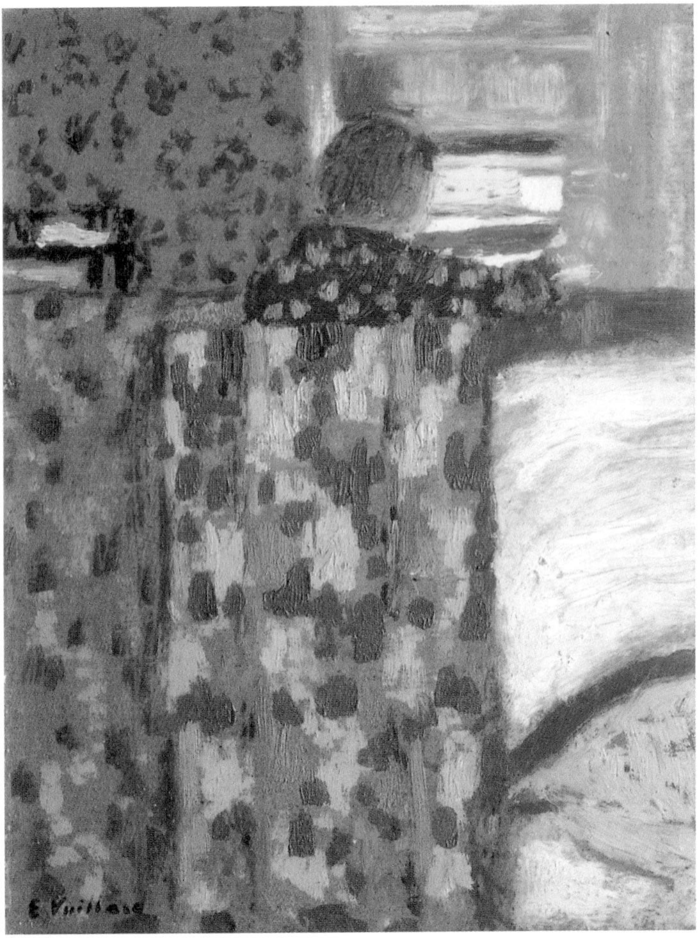

종이에 유채
25×20㎝
1893~1895년경

에두아르 뷔야르Édouard Vuillard, 1868~1940는 에콜 데 보자르에서 전통적인 미술 공부를 했지만, 어린 시절부터 함께한 친구인 모리스 드니와 함께 나비파 활동에 참여했다. 그는 평범한 일상생활을 화폭으로 옮기곤 했는데, 스스로 이를 두고 앵티미슴intimisme이라고 불렀다. 앵티미슴은 '친밀한'이라는 뜻을 가진 '앵팀intime'에서 따온 말로, 사적이고 소소한 일상의 풍경 등을 담는다. 따라서 17세기부터 네덜란드 지역에서 그려진 장르화를 떠올리게 한다. 당시 네덜란드 화가들은 소시민이 살아가는 모습을 담담하게 그려내곤 했는데, 후대의 미술사가들은 이를 풍경화도, 초상화도, 역사화나 정물화도 아닌, 그냥 그림의 여러 '장르 중 하나'일 뿐이라는 의미에서 딱히 이름을 붙이지 않고 그저 '장르'라고 분류했다. 물론 뷔야르의 앵티미슴은 네덜란드의 장르화보다 훨씬 더 사적이고 개인적인 공간을 담는다는 점에서 차이가 있다.

뷔야르는 인물의 행동이나 풍경의 아름다움 자체보다는 현란한 색과 유려한 선을 사용하여 화가 자신의 상상과 미적 취향을 표현하는 데 더욱 주력하였다는 점에서 과거 그림과 다르다. 〈잠〉은 퐁타방 화가들이 주도한 종합주의를 연상시키는데, 굵은 윤곽선에 색채를 평평하고 단순하게 처리한 지극히 평면적인 느낌을 준다. 〈식사 후〉나 〈리넨 옷장〉에서는 인상파로 되돌아간 듯 짧은 붓질이 다시 등장하는데, 원색의 화려한 배열과 뭉개진 윤곽선 등을 통해 그림의 전체적인 느낌을 현실이면서도 현실 아닌 나른한 분위기로 이끈다. 이 모호함이 바로 상징주의 회화의 특징이기도 하다.

피에르 보나르

'정원의 여인' 연작

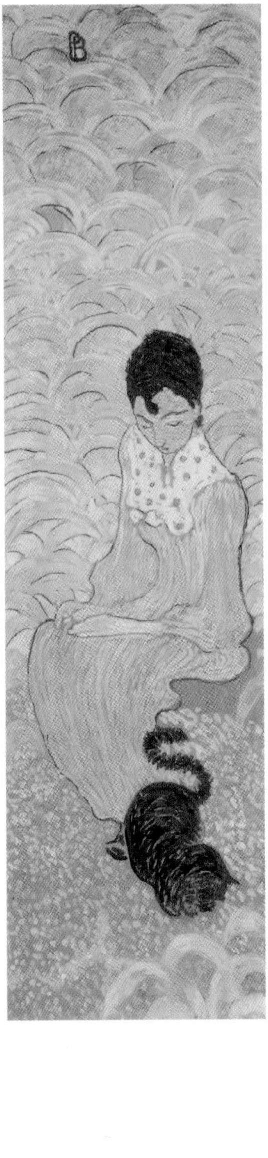

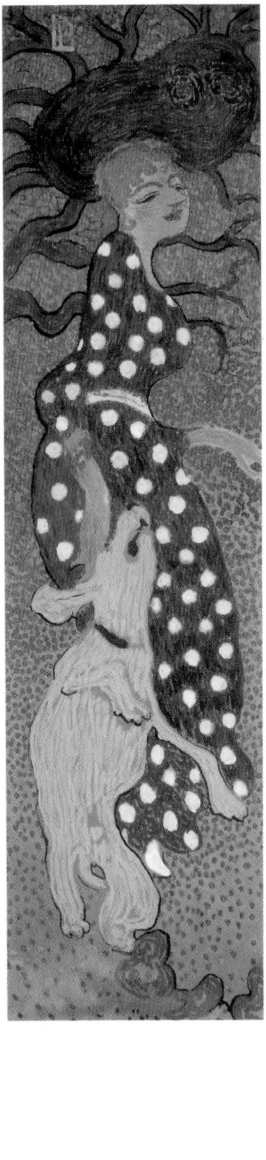

고양이와 함께 있는 여인(왼쪽)
캔버스 위 종이에 유채
160×48cm
1891년

하얀 물방울 무늬 드레스를 입은 여인 (오른쪽)
캔버스 위 종이에 유채
160×48cm
1891년

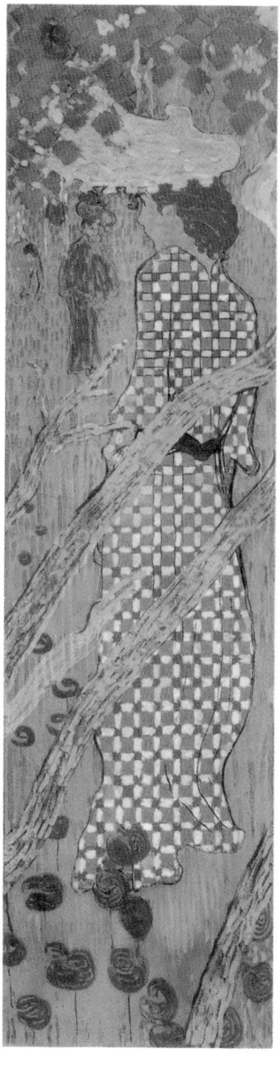

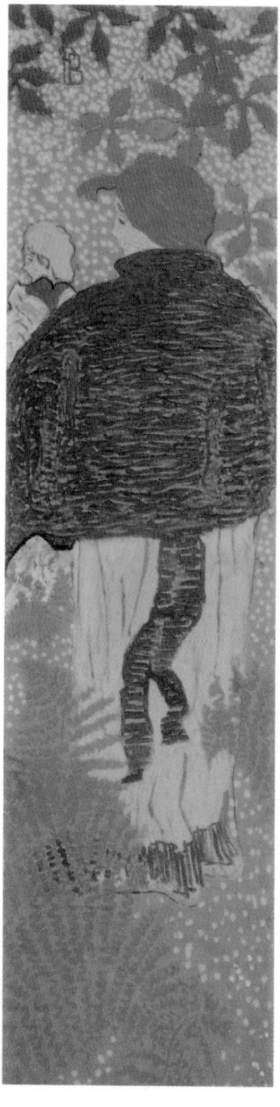

체크 무늬 드레스를 입은 여인(왼쪽)
캔버스 위 종이에 유채
160×48㎝
1891년

케이프를 두른 여인(오른쪽)
캔버스 위 종이에 유채
160×48㎝
1891년

피에르 보나르

하얀 고양이

피에르 보나르

침대 위의 여인

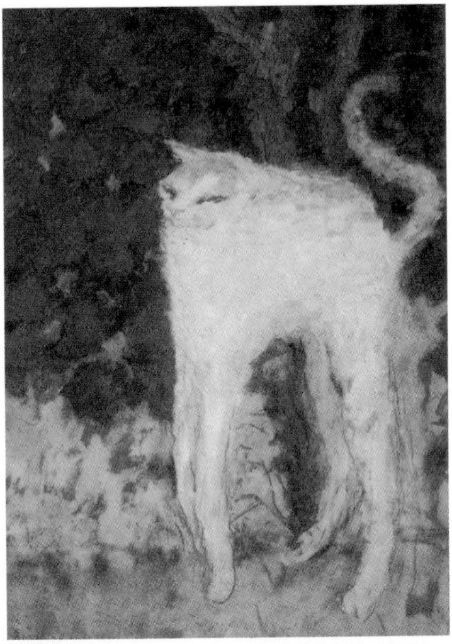

종이에 유채
51×33cm
1894년

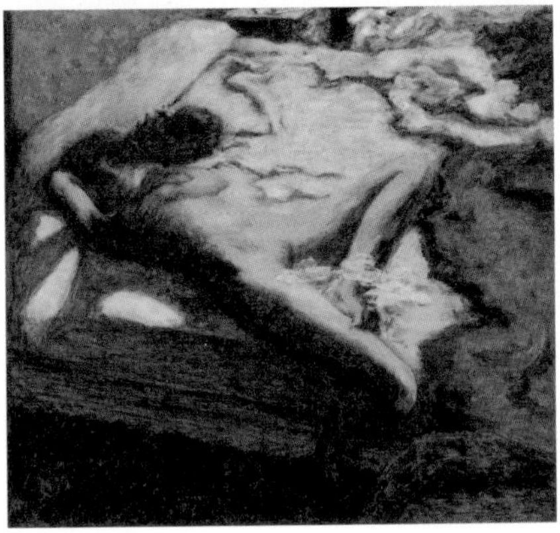

캔버스에 유채
96×106cm
1899년

피에르 보나르Pierre Bonnard, 1867~1947도 뷔야르와 마찬가지로 앵티미슴 화가로 불린다. 그는 주로 자신의 아내인 마르트를 주인공으로 하여 중산층 가정의 실내에서 일어나는 지극히 사적인 일상을 화폭에 담곤 했다. 폴 세뤼시에, 모리스 드니 등과 어울리며 나비파 결성에 참가했지만, 그는 너른 원색의 색면과 단호한 윤곽선의 종합주의적 기법 대신 인상주의 화가처럼 빛과 색을 짧은 붓질로 표현하는 방식을 선호했다. 물론 그가 추구하는 빛과 색은 인상파처럼 '내 눈에 와 닿는 대로' 라기보다는 화가 자신이 '보고 싶은 대로 본' 대상을 묘사하기 위한 것이었다.

자신의 주관이라는 필터를 통과한 대상은 〈하얀 고양이〉처럼 한껏 그 몸을 왜곡시킨 채 등장하기도 하고, 〈침대 위의 여인〉처럼 온몸을 해체시킨 채 거의 무방비 상태로 야릇한 기운을 풍기며 드러누워 있기도 하다. 그의 독특한 화풍은 《위대한 걸작》을 쓴 마이클 키멜만의 말처럼 "책갈피 사이에 끼워둔 꽃"과 같이 화려하고 지극히 평면적이다. 이런 특성은 우키요에의 영향을 빼고서는 설명할 수 없다. 그가 가림막, 즉 병풍 형태로 제작한 '정원의 여인' 연작은 장식으로 가득한 비현실적 배경, 구불구불한 곡선의 매력, 입체감이 거의 느껴지지 않는 평면성 등에서 많은 부분 일본풍이라 할 수 있다.

보나르는 또한 그림을 제작할 때 대상을 일단 사진으로 촬영한 뒤 어떤 색으로 덮을 것인지를 치밀히 연구한 끝에 채색 작업에 들어갔다고 한다. 그러나 그 색은 이미 자연의 색을 벗어나곤 했다. 색의 번짐 효과로 인해 와해된 형태는 모호하고 환상적이며, 나아가 장식적인 느낌이 풍부하다.

오딜롱 르동

감은 눈

오딜롱 르동

아폴론의 마차

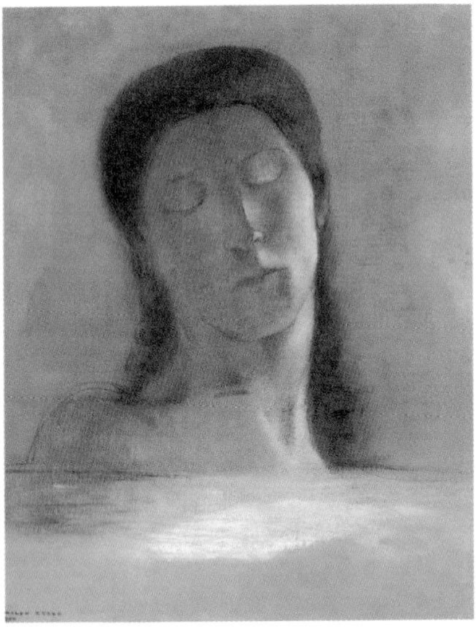

캔버스에 유채
44×36㎝
1890년

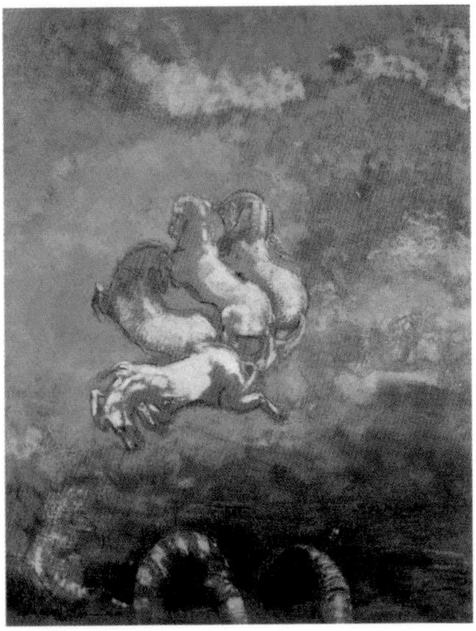

캔버스에 유채와 파스텔
91.5×77㎝
1905~1914년

상징주의는 집단적인 운동이라기보다 19세기 후반 많은 예술가와 문인이 크게 고무되었던 독특한 경향을 말한다. 상징주의 예술가들은 물질적인 풍요보다 정신적인 것, 좀 더 초월적인 것을 파고든다. 그들은 신비롭고 모호한 풍경이나 인물을 주로 그렸으며, 욕망과 죽음 등의 주제를 그리기 위해 성적인 이미지나 다소 그로테스크한 장면을 과감하게 묘사하기도 했다.

오딜롱 르동Odilon Redon, 1840~1916는 고갱이 타히티로 완전히 떠나버린 뒤 구심점을 잃은 나비파 회원들과 어울리기 시작했지만, 이미 스테판 말라르메 같은 시인이나 귀스타브 모로 같은 화가와 어울리면서 상징주의에 깊이 매료되었다.

〈감은 눈〉은 자신의 아내인 카미유를 모델로 하여 그린 그림으로, 미켈란젤로가 교황 율리우스 2세의 무덤 장식을 위해 제작한 〈죽어가는 노예〉[12]를 참고했다. 미켈란젤로의 작품에서 감은 눈이 '삶에서 죽음으로의 회귀'를 뜻하는 것이라면, 르동의 감은 눈은 '현실에서 꿈으로'의 이동이다. 즉 그림 속 여성은 감각적인 세상이 아닌, 볼 수 없지만 분명히 존재하고 분명히 존재하지만 확실하지 않은 그 어떤 세계 속으로 침잠하고 있다.

상징주의자들은 현실 속에 산재한, 그리하여 겉으로 보이는 것이 사실은 보이는 것 이상의 무엇을 상징한다고 믿었다. 눈부시리만큼 화려하고 다채로운 색으로 그려진 르동의 그림 속 대상은 이 세상의 것이면서도 아닌 듯한, 마법과도 같은 내밀한 상상력을 불러일으킨다.

피에르 퓌비 드 샤반

바닷가의 젊은 여인들

피에르 퓌비 드 샤반

가난한 어부

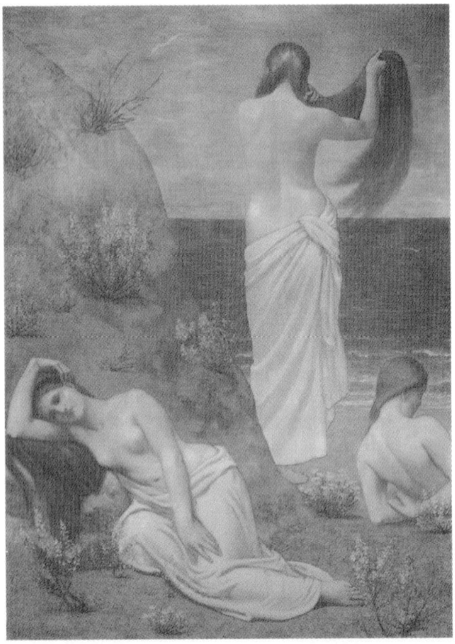

캔버스에 유채
205×154㎝
1879년

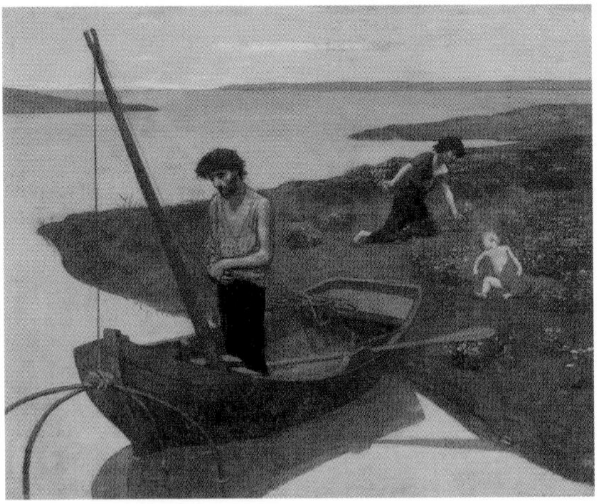

캔버스에 유채
155.5×192.5㎝
1881년

피에르 퓌비 드 샤반Pierre Puvis de Chavannes, 1824~1898은 토마 쿠튀르(44쪽)나 들라크루아(22쪽) 등에게서 그림 지도를 받았다. 이탈리아 여행을 통해 프레스코화에 크게 감동한 그는 팡테옹이나 소르본 대학, 파리 시청 등 주로 공공건물의 대형 벽화 제작에 참여하곤 했다.

이탈리아의 프레스코화는 벽에 석회를 바른 뒤 그것이 마르기 전에 수채물감으로 그림을 그렸고, 벽이 마르면서 자연히 그림도 완성되는 수순을 밟았다. 프레스코화는 세월이 지나면서 선명하던 색이 빛을 잃어 다소 흐릿하고 탁해지는 경향이 있는데, 이는 퓌비 드 샤반에게 신비롭고 아련한 고대의 향수 같은 것을 느끼게 했다. 그는 유화물감으로 캔버스 위에 그림을 그렸지만, 일부러 프레스코의 아련한 느낌을 살렸고, 그림을 떼어내어 벽에 붙이는 방법으로 벽화를 제작했다.

〈바닷가의 젊은 여인들〉은 프레스코 벽화를 떠올리게 하는 기법이나 고대 그리스라는 배경을 그리고 있다는 점, 또 절제된 색상의 사용 등에서 다분히 고전적이다. 하지만 양감이 거의 느껴지지 않는 평면적인 인물과, 무엇인가를 암시하는 듯하지만 의미가 정확하지 않은 모호함은 지극히 비현실적인 분위기를 풍기고 있어서 상징주의 화가들이 추구하는 신비감이 돋보인다.

〈가난한 어부〉는 특정한 시간대를 가늠할 수 없는, 차라리 꿈과 상상 속에서 본 듯한 장면을 그리고 있다. 쇠라는 특유의 적막감이 감도는 이 그림을 본 후 〈퓌비 드 샤반에게 경의를 표하며('가난한 어부'와 함께한 풍경)〉[13]라는 작품을 제작하기도 했다.

귀스타브 모로

오르페우스

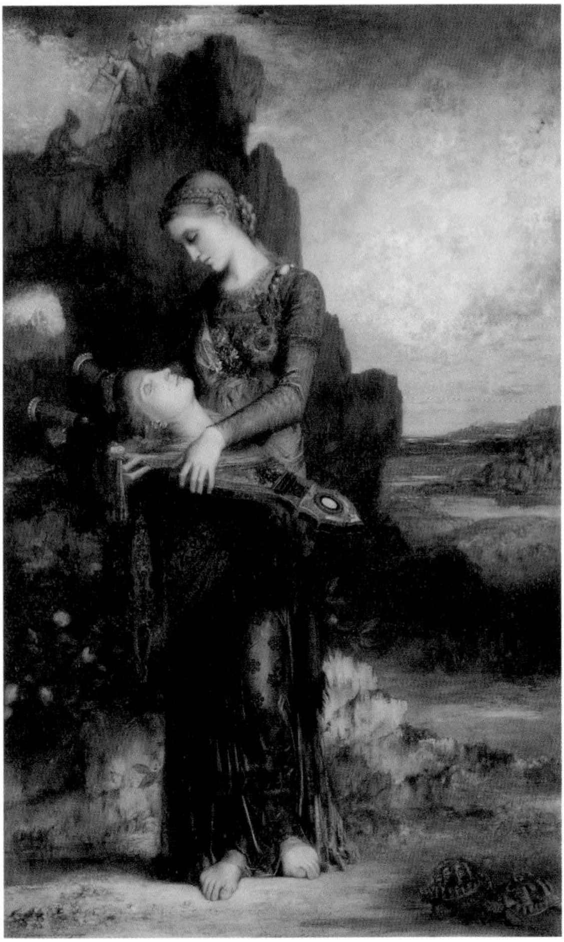

캔버스에 유채
154×99.5㎝
1865년

귀스타브 모로Gustave Moreau, 1826~1898는 에콜 데 보자르에서 정식으로 미술 수업을 받았다. 아카데미의 완강한 거부에 몸살을 앓았지만 진보적인 화가들의 열렬한 사랑을 한 몸에 받은 들라크루아의 미술에 크게 감명을 받으면서, 고전적이면서도 낭만적인 화풍을 추구했다. 모로는 주로 신화나 종교 이야기를 주제로 한 그림을 그렸지만, 아카데미가 추구하는 도덕적이고 영웅적이며 교훈적인 내용보다는 자신의 상상, 꿈, 환상을 적절하게 혼용한, 그야말로 상징주의적인 화풍을 발전시켰다. 따라서 많은 사람이 그의 작품 세계를 두고 상징주의 회화의 시작이라고 일컫기도 한다.

그리스 신화에서 오르페우스는 죽음의 세계로 들어가 뛰어난 리라lyre(하프와 비슷한 모양으로, 고대 그리스의 발현악기) 연주 솜씨로 지하 명부의 왕 하데스의 마음을 사로잡은 뒤 아내를 구해오려 했지만, 뒤를 돌아보지 말라는 명령을 어기는 바람에 실패하고 만다. 실의에 빠진 그는 자신을 사랑하는 수많은 여자의 구애를 모두 거부한 채 홀로 악기만 연주하다 그들에게 살해된다. 모로는 이 유명한 이야기를 몽환적이면서 우울한 정서가 물씬 풍기는 작품으로 탄생시켰다.

신화에 따르면 오르페우스는 아폴론으로부터 음악을 배운 최초의 음악가였는데, 그를 기리는 신비주의 종교인 오르페우스 밀교가 만들어지기도 했다. 이런 연유로 오르페우스는 일상적 삶의 안락함을 거부한 채 지독한 고통 속에서도 예술혼을 불태우는 이미지로서 19세기 이후 문학과 미술의 주제로 크게 각광받았다.

앙리 마티스

호사, 평온 그리고 관능

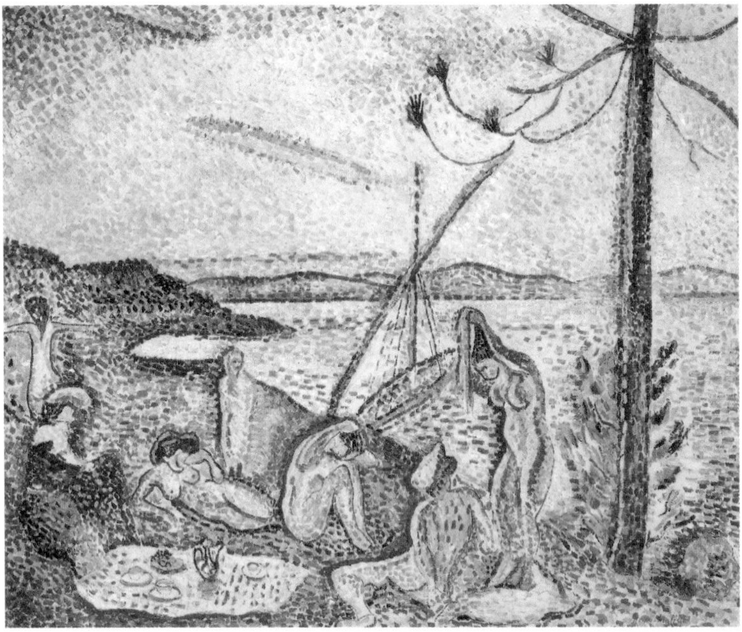

캔버스에 유채
98.5×118.5㎝
1904년

모리스 드 블라맹크

부지발의 레스토랑

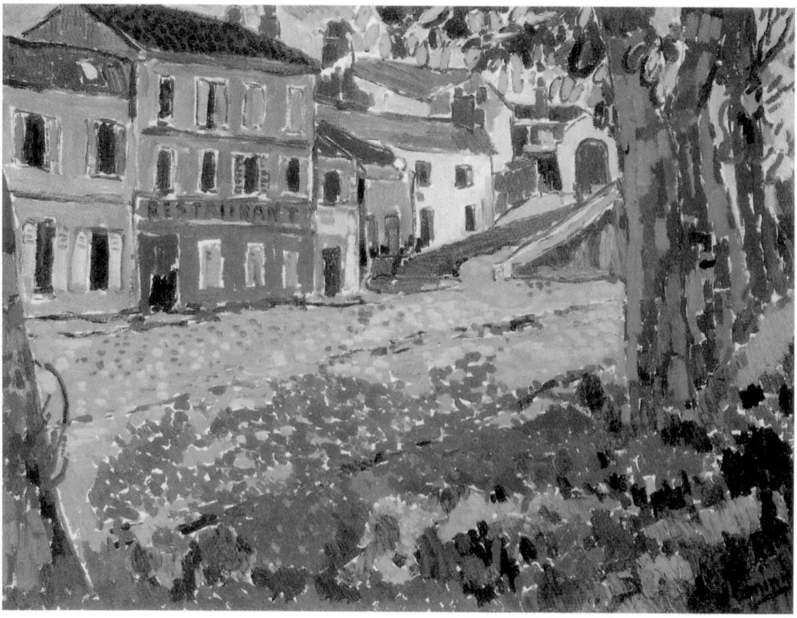

캔버스에 유채
60×81.5㎝
1905년경

앙드레 드랭

채링 크로스 다리

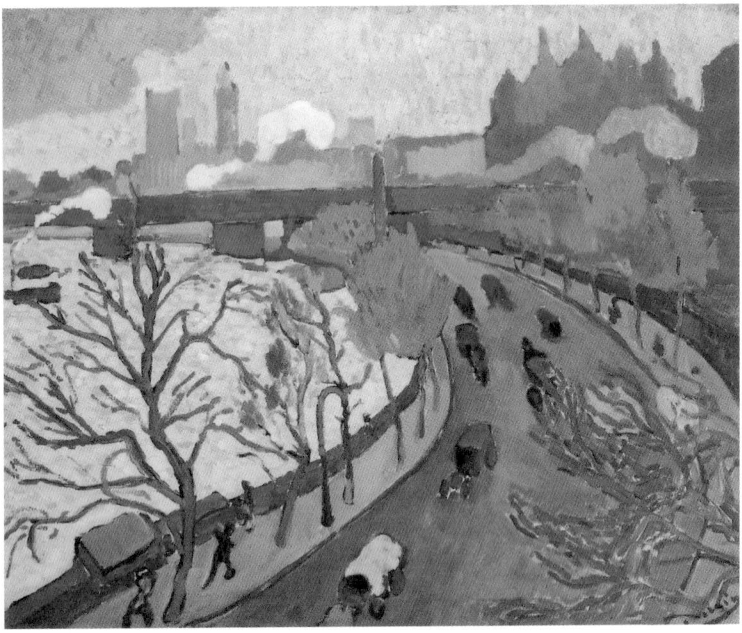

캔버스에 유채
81×100㎝
1906년경

세잔이 형태를 단순화하여 점점 화면을 기하학적으로 만들어가고 있었다면, 앙리 마티스Henri Matisse, 1869~1954는 색의 해방을 추구했다. 자연색을 벗어나는 색채의 혁명은 이미 인상파 화가들부터 시도해오고 있었고, 고갱 등 상징주의 화가들에 의해 계승되었지만, 마티스의 강렬한 원색은 그 모든 시도의 종결점으로 보일 정도이다.

회화 작품에서 선과 색의 대립은 이성과 감정의 투쟁과도 같다. 정확하고 단단한 선을 으뜸으로 하는 사실주의적 회화는 이성 중심의 고전주의 미술이 추구하던 바였다. 그러나 폭발적인 인간 감정을 표현하는 데는 색채가 선보다 우위에 놓일 수밖에 없다.

마티스는 자연색을 완전히 배제하고 짙은 원색으로 가득 찬 회화를 추구했다. 그는 1905년에 모리스 드 블라맹크Maurice de Vlaminck, 1876~1958, 앙드레 드랭André Derain, 1880~1954, 알베르 마르케Albert Marquet, 1875~1947 등과 함께 살롱전과는 성격을 달리하는 살롱 도톤전Salon d'Automne에 작품을 전시했다. 평론가 루이 보셀Louis Vauxcelles이 원색으로 가득 차고 거친 그들의 그림에 놀란 나머지 '야수fauve' 운운하는 말을 남겼고, 이로부터 '야수파fauvisme'라는 이름이 나왔다.

〈호사, 평온 그리고 관능〉은 색채의 강렬함이 돋보이는 야수파로서의 마티스를 감상하기에는 부족한 점이 있다. 이 그림은 그가 신인상주의 화가였던 폴 시냐크와 함께하며 제작한 작품으로, 신인상주의 그림에 가깝기 때문이다. 그러나 야수파를 예견이라도 하듯 강렬한 원색이 도드라진다. 폴 시냐크는 색을 팔레트에서 섞지 않고 순색을 분할하여 찍어 바른 이 작품을 극찬했고, 심지어 구매하기도 했다.

| 그림 주석 |

1 **벨라스케스**

광대 파블로 데 바야돌리드

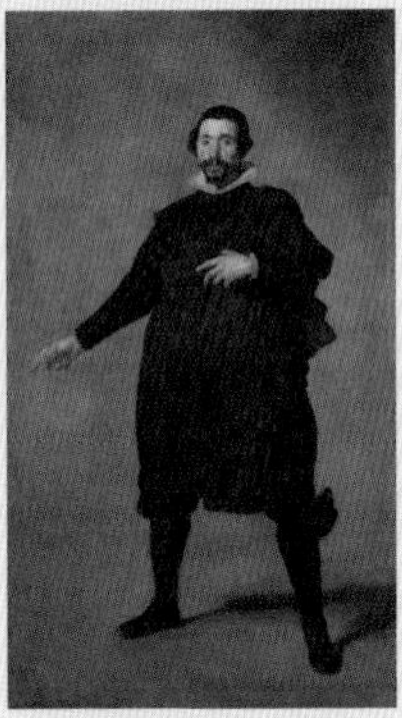

캔버스에 유채
213×125cm
1636~1637년
프라도 미술관
마드리드

2 **티치아노**

우르비노의 비너스

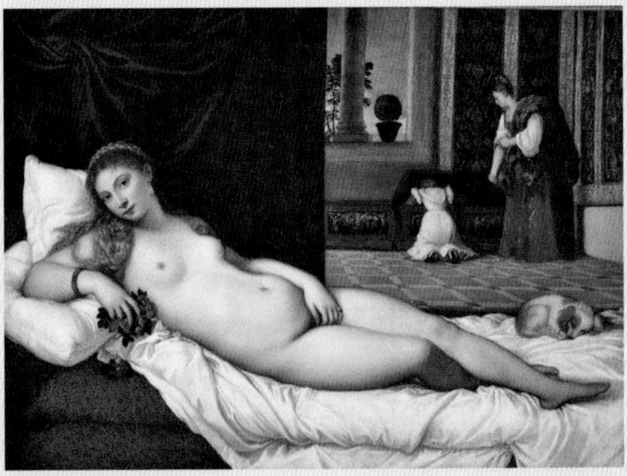

캔버스에 유채
165×119cm
1538년
우피치 미술관
피렌체

3 에두아르 마네

제비꽃 장식을 한 베르트 모리조

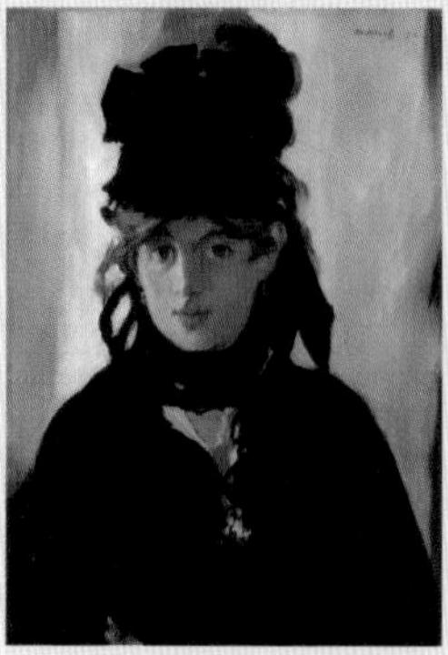

캔버스에 유채
55×38㎝
1872년
오르세 미술관
파리

4 프란시스코 고야

발코니의 마하들

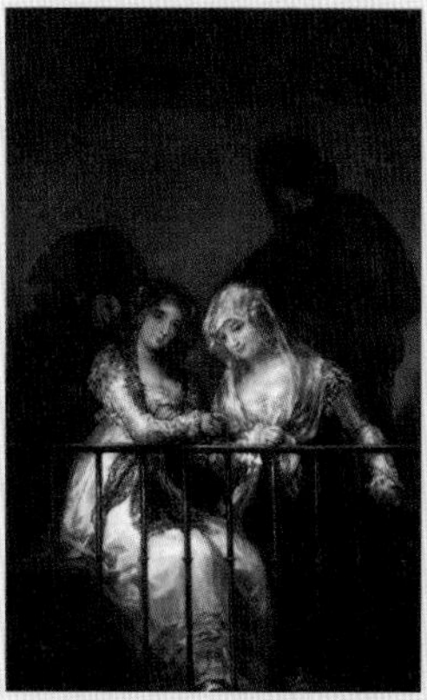

캔버스에 유채
125.5×195cm
1835년경
메트로폴리탄 미술관
뉴욕

5 **제임스 애벗 맥닐 휘슬러**

검은색과 금색의 야상곡

캔버스에 유채
60×47㎝
1875년
워싱턴 필립스 컬렉션

6 **클로드 모네**

인상: 해돋이

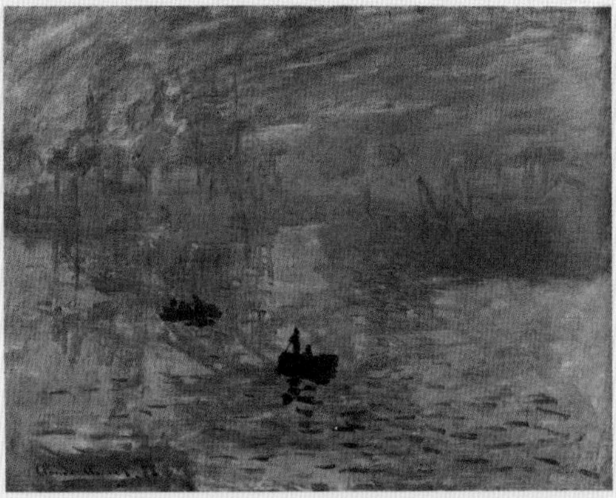

캔버스에 유채
48×63㎝
1872년
마르모탕 미술관
파리

7 조지프 말로드 윌리엄 터너

비와 증기와 속도: 그레이트 웨스턴 철도

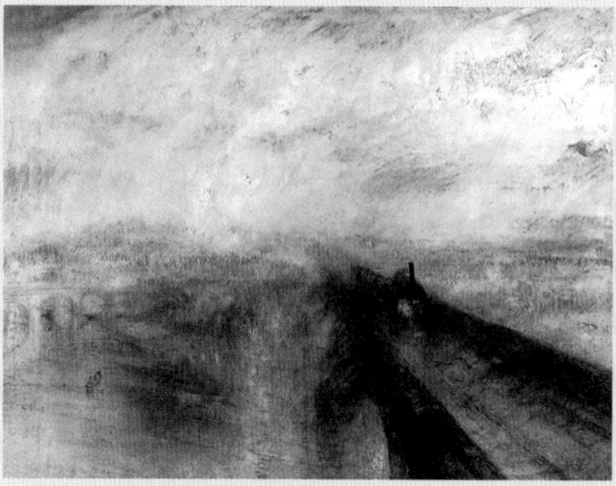

캔버스에 유채
91×122㎝
1844년경
내셔널 갤러리
런던

8 피에르 오귀스트 르누아르

머리를 땋는 소녀(쉬잔 발라동)

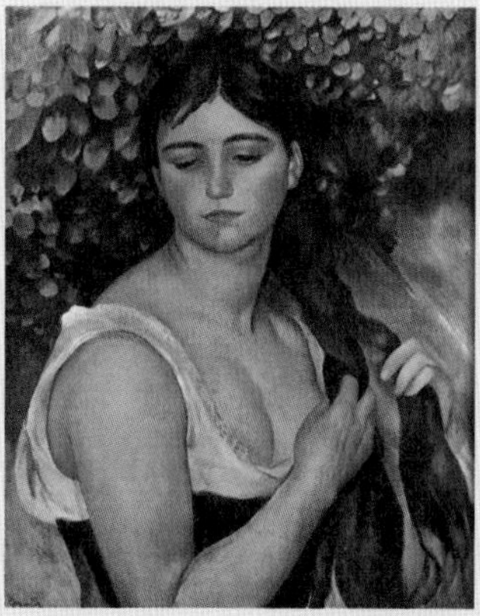

캔버스에 유채
56×47㎝
1885년
랑마트 미술관
바덴

9 폴 고갱

황색 그리스도

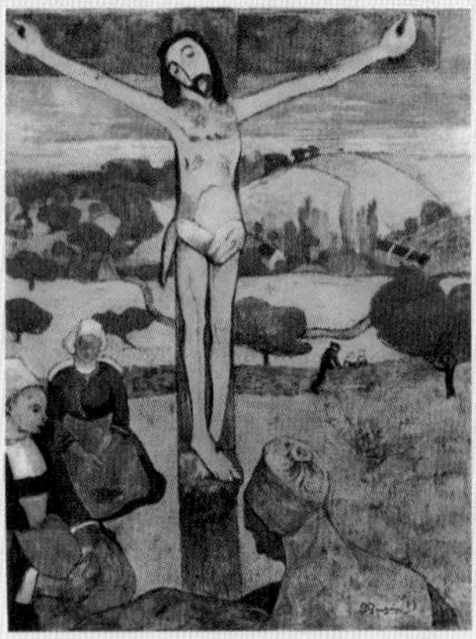

캔버스에 유채
92.1×73㎝
1889년
올브라이트 녹스 미술관
뉴욕

10 폴 고갱

그로테스크한 자화상

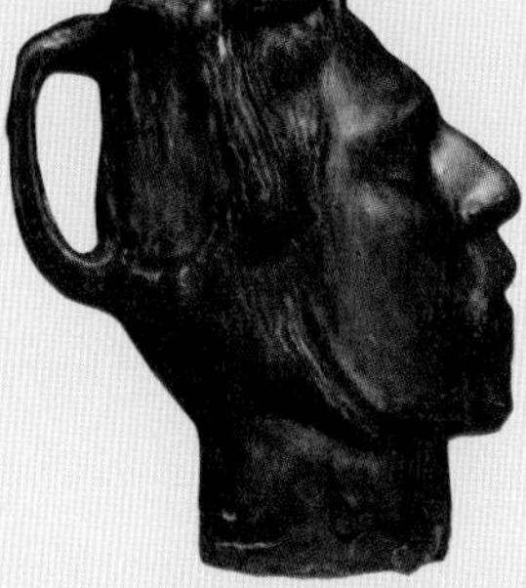

농갈색 석기
높이 193㎝
1889년
코펜하겐 미술관

11 샤를 라발

자화상

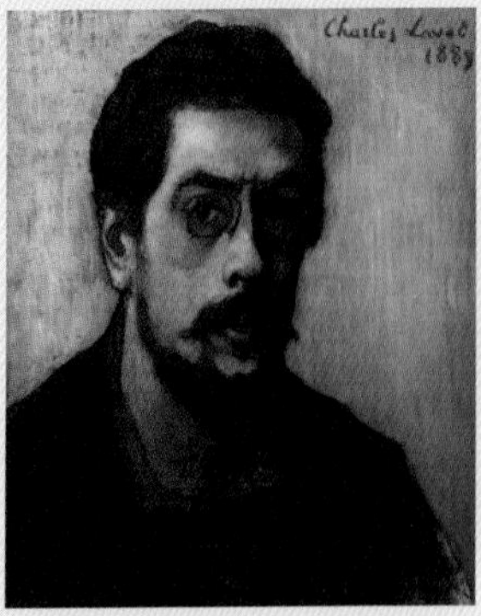

캔버스에 유채
46.5×38㎝
1889년
오르세 미술관
파리

12 미켈란젤로

죽어가는 노예

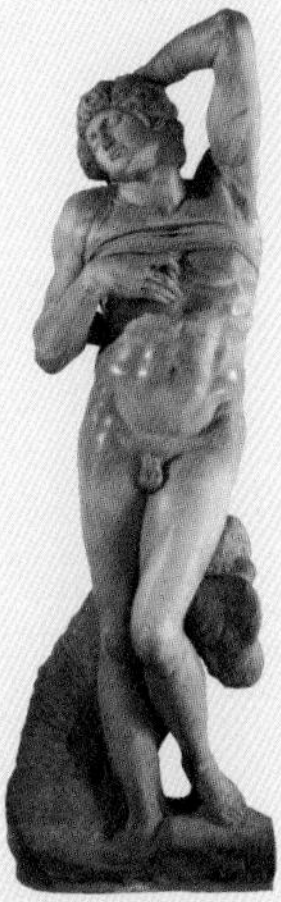

대리석
높이 215㎝
1513~1514년
루브르 박물관
파리

13 조르주 쇠라

퓌비 드 샤반에게 경의를 표하며('가난한 어부'와 함께한 풍경)

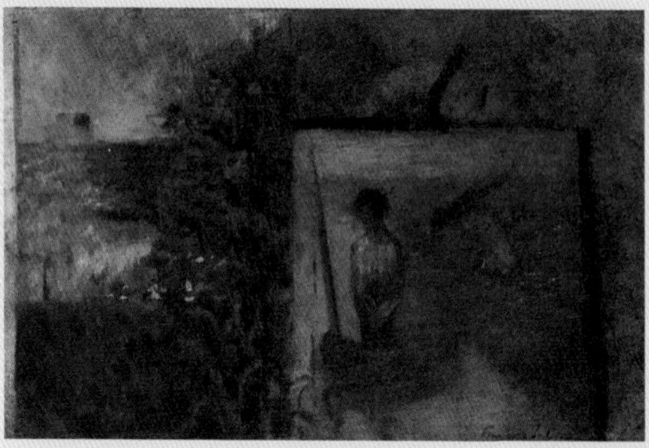

목판에 유채
17.5×26.5㎝
1879~1881년
오르세 미술관
파리

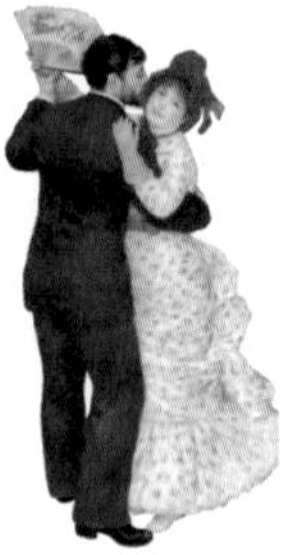

오르세 미술관에서 꼭 봐야 할 그림 100

1판 1쇄 발행일 2013년 12월 2일
2판 1쇄 발행일 2021년 6월 14일

지은이 김영숙

발행인 김학원
발행처 (주)휴머니스트출판그룹
출판등록 제313-2007-000007호(2007년 1월 5일)
주소 (03991) 서울시 마포구 동교로23길 76(연남동)
전화 02-335-4422 **팩스** 02-334-3427
저자·독자 서비스 humanist@humanistbooks.com
홈페이지 www.humanistbooks.com
유튜브 youtube.com/user/humanistma **포스트** post.naver.com/hmcv
페이스북 facebook.com/hmcv2001 **인스타그램** @humanist_insta

편집주간 황서현 **편집** 김주원 **디자인** 이수빈
조판 이희수 com. **용지** 화인페이퍼 **인쇄** 청아디앤피 **제본** 정민문화사

ISBN 979-11-6080-646-5 04600
ISBN 979-11-6080-645-8 (세트)